삼국지가
경영전략에
답하다

7장 대기업의 우산 속으로 들어가다 _ 키스톤 전략

8장 이가 없으면 잇몸으로, 중요한 것은 턱의 힘이다 _ 핵심역량과 역량 이론

1장 박망파전투
1명으로 100명과
싸우게 하다
란체스터 법칙 ①

박망파 전투

유비가 삼고초려의 예를 갖추어 제갈공명을 군사(軍師)로 맞아들였을 무렵, 위나라 조조는 하북과 중원을 제패하고 막 형주를 넘보던 참이었다. 형주는 남방을 공략하기 위한 교두보였다. 조조는 10만 대군을 출정시켜 형주의 최전선인 신야로 진군했다.

신야에는 유비가 머무르고 있었다. 그러나 군대는 불과 수천 명. 유비는 조조의 대군에 속수무책으로 당하고 말 것인가?

조조는 대군을 이끌고 유비가 지키고 있던 신야를 향해 진격했다. 그 숫자는 10만에 달했고 기마행렬은 끝이 보이지 않았다.

원소가 세상을 뜨자 조조는 하북을 평정했고 욱일승천의 기세로 천하 대부분을 손아귀에 넣었다. 그러나 유비가 눈엣가시였다. 싹은 보일 때 잘라야 하는 법. 조조에게 이번 전투는 후환을 없애는 동시에 남방 공략의 포석을 놓는 전투였다.

조조 군이 쳐들어온다는 소식이 전해지자 유비는 서둘러 제갈공명을 불렀다.

"적군이 무려 10만이라 하오. 수천에 지나지 않는 우리 군은 잠시도 견뎌내지 못하고 당할 것이오. 어떻게 맞서야 하겠소?"

"염려하실 것 없습니다."

제갈공명이 자신 있게 대답한 다음 관우, 장비, 조자룡(조운)을 불러 비책을 설명했다.

장비가 조자룡에게 불안한 목소리로 말했다.

"군사장군의 작전은 수적으로 열세인 우리 군이 이기도록 잘 짜여 있네. 그러나 계획대로 될지 걱정스럽군."

장비는 신참 군사장군의 역량을 미심쩍어하고 있었다.

조조 군은 맹장 하후돈이 지휘하고 있었고 그 뒤를 하후란, 우금, 이전이 따르고 있었다.

신야에 가까울수록 길은 점점 좁아졌다. 그러나 하후돈은 행군 속도를 늦추지 않고 신야의 중심부를 향해 진격했다. 경사가 완만

:: 박망파전투 ::

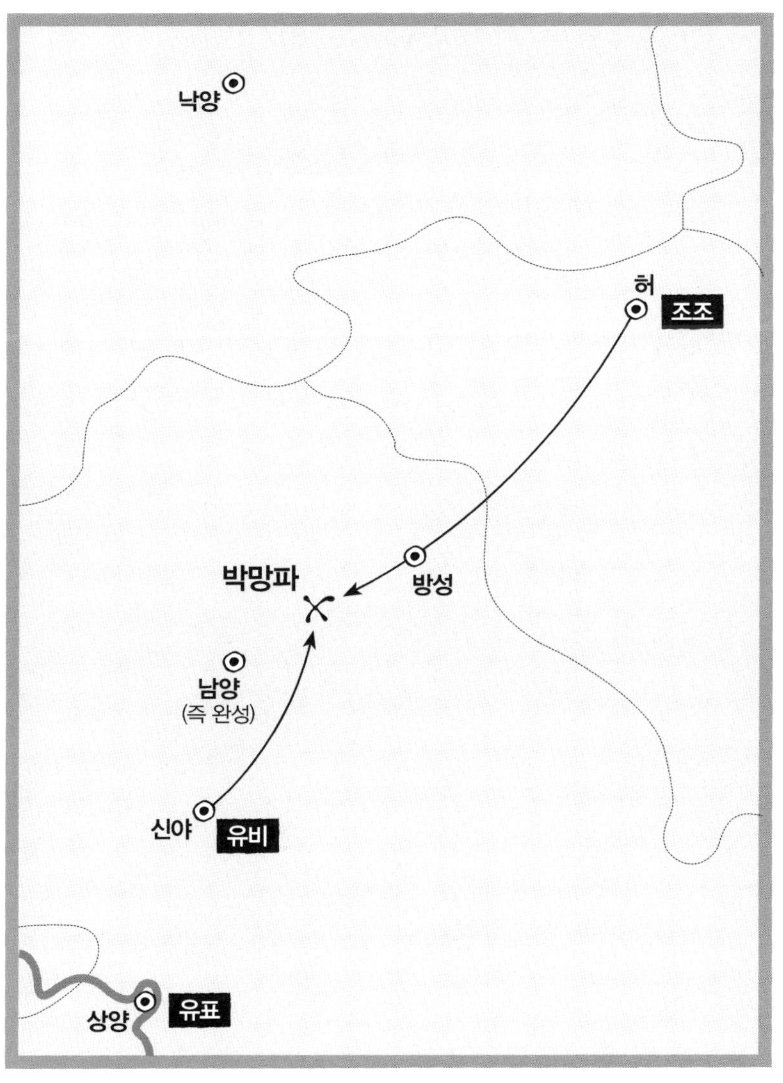

해진 곳에 이르자 하후돈은 군마를 멈추고 뒤를 돌아보았다. 아군의 행렬이 수평선 끝까지 이어져 있었다.

"적군이라고 해봐야 수천에 지나지 않으니 전투는 금방 끝날 것이다."

하후돈은 수적으로 약세인 유비 군을 깔보았다.

가파른 언덕을 오르자 시야가 탁 트였다. 저 너머에 '조(趙)'라는 글자가 박힌 깃발이 나부끼고 있었다. 유비 군의 장수인 조자룡의 깃발이었다. 안장 위에 앉아있는 조자룡의 모습에는 위풍당당한 무장의 풍채가 서려 있었다. 그러나 그가 이끄는 부대는 천여 명에 지나지 않았다.

"개미 새끼를 밟아 없애는 것보다 쉽겠군."

압도적으로 수적 우위에 있던 조조 군은 하후돈을 필두로 조자룡을 향해 돌진했다.

양군의 함성과 함께 말발굽 소리가 일대를 뒤덮었다. 창과 방패가 맞부딪쳤다. 하후돈과 조자룡은 말을 몰아붙이며 공방을 주고받았다. 힘의 균형추는 하후돈 쪽으로 쏠리고 있었다. 조자룡은 하후돈의 기백에 눌려 궁지에 몰렸다. 하후돈의 강력한 일격을 가까스로 받아낸 조자룡이 고삐를 돌려 달아나기 시작했다. 그와 동시에 유비 군이 흩어지며 퇴각하기 시작했다.

"겁쟁이 같은 녀석들! 놓칠 것 같으냐!"

기세가 등등해진 하후돈은 천둥처럼 외치며 조자룡을 맹추격했다.

사실 조자룡은 겁을 먹고 도망친 것이 아니었다. 전투를 벌인 뒤 열세에 몰린 척하며 후퇴하라고 제갈공명이 일러두었던 것이다. 하후돈은 제갈공명의 책략을 상상도 하지 못한 채 전속력으로 추격하다 아군 진영에서 벗어나고 말았다.

조자룡은 박망파라고 불리는 좁고 험한 길로 달아났다. 이 길은 남북을 잇는 교통의 요지로 길이 좁았다. 기마 한 필이 간신히 다닐 정도였다. 왼쪽에는 산이 솟아있고 오른쪽에는 숲이 우거져 있었다. 수풀은 무성했고 나무가 빽빽했다. 숲이 짙어지면서 바람은 거세어졌다.

이때 진격 대열의 중간에 있던 우금이 급히 말을 몰아 하후돈에게 달려갔다.

"장군! 멈춰야 합니다. 이 길은 갈수록 좁아지고 수풀이 무성해집니다. 적이 화공으로 덤벼들지 모릅니다."

하후돈은 아차 싶었다. 그러나 말머리를 돌리기에는 이미 늦었다. 숲에서 불붙는 소리가 들려오더니 승천하는 용처럼 불길이 치솟았다. 일대는 순식간에 불바다로 변했고 불길은 강풍을 타고 거세어져 하후돈을 삼킬 듯 날름거렸다.

절벽 위에서는 관우의 양자인 관평이 지휘하는 군대가 함성을 지르며 마른 나무 묶음에 불을 붙여 내던졌다. 불덩이는 절벽 아래로 굴러 떨어져 조조 군을 덮쳤다. 화공을 피해 달아나려는 병사들과 말들로 박망파는 아수라장이 되었다. 놀란 하후돈은 간신히 불길을 뚫고 후퇴했다.

그때 후방에 있던 조조 군의 중군(中軍)은 멀리 불길이 솟구치는 모습을 보고 하후돈이 함정에 빠졌다는 사실을 알아차렸다. 급히 군대를 이끌고 전방으로 말달리는데 그 앞을 장비의 복병이 가로막았다. 박망파의 오른쪽 숲에 숨어서 불길이 솟기만을 기다리던 매복병이었다. 장비는 창을 붕붕 돌리며 조조 군과 맞섰다. 장소가 비좁은 탓에 감히 장비 앞으로 대적할 자가 나오지 못했다. 조조 군은 장비의 공격에 허둥거리다 혼란에 빠졌고, 부장 하후란은 장비와 겨루다 말에서 낙상해 그 자리에서 죽고 말았다.

조조 군의 후미에 있던 이전 역시 하후돈이 함정에 빠진 것을 알고 지원에 나섰다. 그러나 그 길에는 또 다른 복병이 숨어 있었다. 관우의 군대였다. 관우는 지원군의 진격을 저지하는 동시에 식량 등의 물자와 짐에 불을 놓아 전장을 더욱 혼란에 빠뜨렸다. 이 또한 제갈공명의 지시였다.

전투는 순식간에 끝났다. 박망파 일대는 조조 군의 시체로 가득했다. 이 싸움으로 조조는 3만에 이르는 병사를 잃었다.

: 국지전을 전개하라 :

박망파전투는 제갈공명의 첫 전투였다. 당시 천하를 호령하던 조조가 이 싸움에 투입한 병력은 10만이었다. 한편 유비에게는 수천 명의 병사밖에 없었다. 정면승부를 벌였다면 유비 군이 전멸하는 것은 불 보듯 뻔한 일이었다. 그러나 제갈공명에게는 10만 대군을 깨뜨릴 비책이 있었다.

작은 조직이 대군을 누르고 승리를 거머쥐는 것은 결코 불가능한 일이 아니다.

한 세기에 걸쳐 이어진 '삼국지'의 주요 전투를 살펴보면 현대사회에서 구사되는 기업 전략, 전술과 흡사한 점이 많다는 사실을 알게 된다. 특히 이 박망파전투는 란체스터 법칙이 그대로 재현된 경우이다.

란체스터 법칙은 프레더릭 란체스터(Frederick William Lanchester, 1868~1946)가 제1차 세계대전 때 발견한 근대전쟁의 법칙을 말한다. 이는 전투에서 병력과 손실비율을 분석하여 도출한 법칙인데 처음에는 군사전략으로 이용되다가 이후 경영 전략으로 주목을 끌면서 많은 기업들이 도입하게 되었다.

란체스터 법칙에는 법칙1과 법칙2가 있다. 먼저 란체스터 법칙1은 '공격능력은 병력과 무기성능으로 정해진다.'는 내용이다. 승패는 공격력의 우열로 정해진다는 얼핏 보면 단순한 원리다. 법칙2는 병력이 많을수록 생존자가 더 많다는 내용을 담고 있다. 예컨대 A팀 5명과 B팀 3명이 맞붙었을 경우(무기 성능은 같다고 가정), 법칙1에 따르면 B팀은 전멸하고 A팀은 2명이 살아남는다(5-3=2). 그러나 법칙2에 따르면 B팀은 역시 전멸하지만 A팀은 둘이 아니라 넷이 살아남는다(5의 제곱-3의 제곱=생존자 수의 제곱. ∴ 생존자는 4). 이 차이는 여럿이 동시에 공격하느냐(법칙2), 1대 1로 싸우느냐(법칙1)에 따라 생긴다. 그래서 수적 우위를 점하는 것이 왜 중요한지 설명하는 이론이 란체스터 법칙이다.

삼국시대의 전투에서는 무기 성능은 엇비슷했다. 그래서 승패를 가른 요소는 '병사 수'였다. 불과 수천 명에 지나지 않는 유비 군이 조조의 10만 대군에 맞서 싸우게 되면 여러분은 누구의 승리를 점칠 것인가. 란체스터 법칙을 적용하지 않더라도 총력전에서는 조조 군이 절대 질 수 없는 규모였다.

그러나 란체스터 법칙을 자세히 들여다보면 한 가지 재미있는 점을 발견하게 된다. 병력의 수에는 과연 잠자고 있는 병사, 화장실에 있는 병사, 밥 먹고 있는 병사까지 포함되는 것일까?

그렇지 않다. 란체스터 법칙에서 말하는 병사의 수는 현재 싸우고 있는 병사의 수이다. 군대의 제일 뒤에서 이제나 저제나 싸울까 기다리고 있는 병사 역시 싸우고 있는 것이 아니다. 그들은 병력 수에서 제외되어야 한다. 달리 말해 싸우는 장소에 따라 10만 대군도 1천 명으로 줄어들 수 있다는 말이다.

이를 제대로 이해하면 우리는 규모가 승패에 끼치는 영향이 절대적이지 않다는 사실을 깨닫게 된다. 요컨대 약자여도 얼마든지 강자를 이길 수 있다.

제갈공명이 유비 군의 장수들에게 알려준 전략은 10만 병력을 가진 조조 군을 좁고 험한 길로 유인하라는 것이었다. 즉 싸움에 가담할 수 있는 병력을 극소화시킨 후에 싸우라는 말이었다. 직접 맞서서 싸우는 상대가 10만이 아니라 일부에 지나지 않는다면 얼마든지 승산이 있지 않겠는가.

'병사 수가 적은 유비 군이 이기기 위해서는 적 전체가 아닌 적의 일부와 싸우는 방법을 찾아야 한다.'

이것이 제갈공명의 전략이었다. 그래서 제갈공명은 박망파의 지형에 주목하여 그곳을 전장으로 삼았다. 박망파는 길이 험하고 깊이 들어갈수록 폭이 좁아진다. 한 번에 많은 병사들이 지나다닐 수 없는 곳이다.

조자룡의 목적은 하후돈을 박망파의 좁고 깊숙한 중심부로 유인하는 것이었다. 제갈공명은 다혈질인 하후돈이 조자룡의 도발에 넘어오리라고 예상했다. 아니나 다를까, 하후돈은 전력을 다해 조자룡을 뒤쫓았다. 후속부대는 그 속도를 따라잡을 수 없었고 선두의 하후돈 부대는 아군의 대열에서 이탈하고 말았다. 그 결과 '수가 적은 하후돈 부대'와 '하후돈보다 수적으로 우세한 유비 군'이 맞붙게 되었다.

그러나 아직 끝은 아니다. 만일 조조 군의 지원군이 하후돈을 도우러 온다면 유비 군은 수적 우위를 유지할 수 없게 된다. 이를 저지하기 위해 관우와 장비가 매복하여 조조 군을 분산 공격했다.

제갈공명은 항상 적군보다 아군의 수가 우위를 점할 수 있도록 전투 시나리오를 짰다. 오늘날 이런 전략을 란체스터 법칙이라고 부르는데 제갈공명은 이미 오래 전부터 란체스터 전략을 활용하고 있었다.

란체스터 법칙에서 알 수 있는 철칙은 '도전자는 국지전을 전개하라.'는 것이다.

좁은 지역에서 싸움을 벌이는 것이 도전자 기업에게는 승리할 수 있는 최선의 비결이다. 수적으로 우세한 강자일지라도 국지전으로 유도하여 일정한 범위 안에서, 즉 아군의 공격력이 우세해지는 지점에서 경쟁을 벌이면 도전자도 얼마든지 승리할 수 있다.

: 란체스터 법칙, 어떻게 응용할 것인가 :

란체스터 법칙 자체는 매우 단순하다. 중요한 것은 응용 방법이다.

란체스터 법칙에서 가장 알기 쉬운 응용 사례가 '지역 전략'이다. 레스토랑이나 커피숍을 개업하는 일에서부터 자동차 산업의 해외 진출까지 란체스터 법칙은 폭넓게 활용된다.

자동차 산업에서는 제2차 세계대전 후 폴크스바겐이 캐나다에 진출, 점유율 1위를 차지한 것이 좋은 예이다.

또 해외 패스트푸드 체인점이 일본에 상륙했을 때 구사했던 전략도 란체스터 법칙이었다. KFC는 일본에 처음 진출할 때 국가 전체가 아닌 중부지역을 타깃으로 삼았다.

란체스터 법칙의 전형적인 방식은 최강자와 국지전을 벌이는 전략이다. 좁은 지역에서 최강자 매장보다 유리한 장소, 예를 들면 주요 터미널 역 바로 앞과 같이 '명당자리'에 매장을 차린다. 나아가 종업원을 증원하여 서비스에 만전을 기하고 영업시간을 연장하여 고객이 찾을 기회를 늘린다.

전국 방방곡곡에 땅값 비싸고 목 좋은 곳만을 골라서 입점하고 인원을 대규모 투입하는 것은 아무리 업계 1위 기업이라 하더라도 어려운 일이다. 따라서 지역을 좁혀 경영자원을 집중 투입하면 최강자와도 맞붙을 수 있는 여지는 생기는 법이다. 그렇게 특정 지역에서 1위를 차지하면 다른 지역으로 전장을 옮겨 차례차례 상권을 넓히고 최종적으로 점유율 1위를 넘본다. 이것이 란체스터 법칙을 적용한 전형적인 기업 경쟁 전략이다.

택배업체를 예로 들어보자. '야마토 운수'는 소형화물 운송, 택배 분야에서 일본 점유율 1위를 지키고 있는 회사이다. 이 회사는 배송 운전사를 '세일즈 드라이버'라고 부른다. 단순히 물건을 나르는 것이 아니라 영업사원 역할까지 맡는다.

'야마토 운수'는 전국에 거미줄처럼 연결된 네트워크, 구석구석 찾아가는 세심한 서비스가 강점이다. 업계 최강자에 걸맞은 실력을 갖추고 있다.

그러나 최강자 기업이라고 해서 전국 모든 시, 군, 동에서 1위일 리는 없다. 지역에 따라서는 '아카보 운수'와 같은 지역 밀착형 업체가 1등을 차지하는 곳도 있다. 최강자 기업의 관리가 소홀한 지역이라면 도전자도 이길 가능성은 충분하다.

예컨대 최강자 기업이 특정 지역에 '세일즈 드라이버'를 3명 배치하면 자사는 5명을 배치한다. '전체 세일즈 드라이버가 10명밖에 없으니 5곳에 2명씩 배치해야 옳다'는 사고방식으로는 결코 승부를 걸 수 없다. 대신 중점지역에 5명, 나머지 4곳에 1~2명씩 배치하는 것이 효과적일 수 있다. 이렇게 하면 최소한 집중 배치 지역에서는 최강자보다 나은 서비스를 제공할 수 있다.

길을 가다가 어떤 회사 입구에 전표가 붙어 있지 않은 짐을 발견하면 "이 물건 어디로 보내십니까?" 하고 물어볼 수도 있다. 이런 질문을 계기로 고객이 짐을 보낼 때 어떤 점을 불편하게 여기는지, 어떤 서비스를 원하는지 파악하여 새로운 서비스를 제안할 수 있게 된다. 이처럼 지역에 밀착된 세심한 서비스를 제공하여 최강자 기업을 뛰어넘는다.

'인원 분배를 조정한다? 나처럼 혼자 영업을 뛰는 사람에게는 상관없는 일이잖아!' 하고 불평하는 사람이 있을지 모른다. 그러나 혼자 뛰는 사람도 얼마든지 란체스터 법칙을 활용할 수 있다.

자신이 관리하는 고객 리스트 가운데 현재 어떤 고객에게 중점을 두고 있는지 살펴보라. 담당자의 성격이 좋다, 지리적으로 가깝다는 등의 이유로 영업하기 쉬운 곳만 골라서 다니지 않는가? 거래 액수의 추이나 점유율, 고객 충성도와 장래성을 고려해서 여러 그룹으로 나누어 분석한 다음 중점고객을 정하는 게 바람직한 순서이다. 이렇게 하면 정말로 시간과 정성을 들여야 할 고객, 즉 급소가 저절로 드러나게 된다.

택배 사업의 사례에서는 '중점을 둘 장소'를 정하고 좁은 구역 내에 최대한 많은 자원을 집중했다. 이때 '중점을 둘 장소'를 '중점고객'으로 바꾸자. 이것이 란체스터 법칙을 활용하는 방안이다. 싸울 장소와 상황, 그리고 경쟁 양상은 업종과 사람에 따라 천차만별이다. 시간이든 인력이든 자금이든 내가 활용할 수 있는 자원을 찾아서 최대한 효율적으로 투입하는 전략이 필요하다.

• Case 1 •

항공권 판매에 집중한 여행업체 에이치아이에스(H.I.S)

흔히 '국지전'이라고 하면 ○○역, ○○시와 같은 지리적 범위를 연상하기 쉬운데 이는 '비즈니스 분야'로 바꿔 적용할 수 있다.

에이치아이에스(H.I.S)는 란체스터 법칙으로 성공한 기업이다. 할인항공권 시장의 개척자이기도 하며 현재도 분야 1위를 굳건히 지키고 있다. 이 회사는 할인항공권 시장이라는 분야에 주목한 뒤 서서히 점유율을 끌어올린 끝에 승리를 거두었다.

에이치아이에스의 전신은 1980년에 설립된 '인터내셔널투어즈'였다. 당시 여행업계 최강자는 제이티비(JTB)였다. 그밖에 긴키니혼투어즈가 시장을 이끌고 있었다. 에이치아이에스는, 패키지투어와 같이 막대한 인력과 자금이 투입되는 분야가 아니라 개인 여행과 항공권이라는 한정된 분야에서 1위를 차지하자는 전략을 세웠다.

패키지투어 분야는 대기업이 선점하고 있던 시절이었다. 지금도 마찬가지지만 고객은 믿고 맡길 수 있는 여행사를 선택한다. 군소 여행업체에서 출시한 패키지투어 상품은 쳐다보지도 않는다. 에이치아이에스는 대기업의 비즈니스를 흉내 내서는 승산이 없다고 판단했다.

대신 에이치아이에스는 여행사의 가격체제에 주목했다. 대기업의 패키지여행 상품은 가격이 비쌌다. 게다가 요금체계도 획일적이었다. 항공권도 비싸긴 마찬가지였다.

그러다 해외여행자가 늘면서 일본 항공권 요금이 비싸다고 느끼는 사람이 증가했다. 그런데 같은 노선이라도 해외에서 사면 일본의 절반 가격에 티켓을 살 수 있었다.

'저렴한 항공권을 판매하면 비즈니스가 될 것이다.'

에이치아이에스는 이 분야에 기회가 있다고 느꼈다. 그리고 저렴한 티켓을 해외에서 대량 매수하여 판매하기 시작했다.

에이치아이에스의 항공권은 타사보다 절반이나 저렴했다. 학생들을 중심으로 고객층이 늘기 시작했고, 얼마 뒤 항공권 분야에서 1위를 차지했다. 그 후 간단한 패키지투어 상품을 출시하면서 사업 영역을 확장했다.

에이치아이에스는 대기업 여행사와 정면 대결을 벌여서는 이길 수 없다는 사실을 잘 알고 있었다. 그래서 여행 아이템 가운데 항공권이라는 좁은 범위 내에 집중하기로 결정했다. 즉 '국지전을 전개하라.'는 전략을 실행한 것이다.

유리한 곳으로 전장을 옮긴 익스플로러

란체스터 법칙은 IT업체 간의 경쟁에서도 발견된다.

1990년대에 시작된 브라우저 전쟁이 좋은 예이다. 현재 파이어폭스와 오페라, 크롬, 사파리가 세력을 키우고 있지만 이용자 수가 압도적으로 많은 것은 익스플로러이다.

그러나 인터넷 태동기에는 열에 아홉은 넷스케이프 내비게이터를 썼다. 사이트 대부분이 추천 브라우저로 넷스케이프를 선택했다. 당시의 브라우저는 유료였다. 인터넷에 접속하기 위해서는 브라우저 소프트웨어를 구입해야 했다. 돈 주고 사야 하는 것은 브라우저뿐이 아니었다. 새롭고 매력적인 기능을 가진 애플리케이션 소프트웨어가 저렴한 가격에 판매되었다. 따라서 품질 좋고 값도 싼 제품이어야 소비자의 입맛에 맞출 수 있었다. 1990년대 초반 넷스케이프와 익스플로러는 차례로 신상품을 개발하여 맞섰다. 삼국지로 말한다면 무기 성능을 높여서 싸우는 방식이었다.

마이크로소프트의 익스플로러는 무기 성능의 향상에 주력하여 넷스케이프의 아성에 도전했다. 그러나 넷스케이프도 맞불 작전으로 나왔기 때문에 따라잡기 역부족이었다. 그래서 마이크로소프트는 무엇을 했을까? 브라우저를 무료로 배포했다. 윈도우를 출하시킬 때부터 익스플로러를 설치했다. 윈도우를 쓰는 사람은 공짜로 익스플로러를 쓸 수 있게 되었다. 이제는 굳이 돈 들여 넷스케이프를 설치할 이유가 없어졌다. 윈도우가 점유율을 늘려감에 따라 익스플로러의 점유율도 높아졌다.

공정한 시장 경쟁으로는 승산이 없다고 보고 적군이 절대 참여할 수 없는 독점적인 공간으로 전장을 옮긴 것이 주효했다. 익스플로러는 금세 브라우저 시장을 장악했다.

나아가 마이크로소프트는 애플컴퓨터와 제휴하여 매킨토시(Mac)에서도 익스플로러를 사용할 수 있게 만들었다. 또 Mac OS 8.1 버전부터는 기본 브라우저를 익스플로러로 설정해서 별도의 설치작업 없이도 익스플로러를 쓸 수 있게 했다. 그 후로는 모두가 잘 아는 대로다. 마이크로소프트는 세력을 확장했고 익스플로러는 점유율 1위 자리를 고수하고 있다.

자신이 유리한 지역으로 전장을 바꾸어 서서히 영토를 확장한 다음, 압도적인 강자가 된다. 이는 OS를 다루는 업체 간에도 얼마든지 벌어질 수 있는 일이다.

란체스터 법칙이 담고 있는 뜻은, 내가 유리한 국면에서 싸움을 전개하라는 것이다. 물량이 부족한 도전자 입장이라면 '물량 부족'이라는 약점을 극복할 수 있도록 '선택과 집중'을 하는 것이 곧 란체스터 법칙을 적용하는 방법이 된다.

2장 관도전투
턱 밑을 파고들어
거인을 무너뜨리다
마이클 포터의 가치사슬

관도전투

조조가 원소를 누르다

삼국시대 위나라의 기초를 닦은 조조도 처음에는 군소 세력에 불과했다. 당시 절대 강자는 하북에 기반을 둔 원소였다. 조조는 원소에 대항할 만한 상대가 아니었고 그 차이는 누가 봐도 뚜렷했다. 그렇다면 병력에서 뒤지던 조조가 어떻게 최강자인 원소를 이길 수 있었을까? 조조는 관도전투를 승리로 이끌며 최강자가 되는 첫걸음을 내디뎠다.

'치세의 달인, 난세의 간웅'으로 평가되는 조조도 보잘것없는 시절이 있었다. 황건적 토벌을 위해 출병할 때만 하더라도 조조, 손견(손권의 아버지), 유비는 모두 도토리 키 재기였다. 조조가 5천 명, 손견이 1천 명의 군대를 보유하고 있었고, 유비의 군대는 근거지도 없었고 병사 수도 확실히 알려지지 않았다. 1~2만 명의 병사를 거느린 다른 장수들에 비하면 세력이 약했다. 당시 최대 세력은 명문 출신인 원소였다.

그러나 조조는 전투 하나하나를 승리로 장식했고, 토벌한 도적 무리를 아군으로 삼아 세력을 확장했다. 조조는 일찍부터 관직에 올라 중앙무대에서 활약했다. 유비보다 출발도 좋았고, 출세도 빨랐다. 후한의 헌제가 도읍을 낙양에서 조조의 근거지인 허(許)로 옮기자 조조는 대의명분까지 얻게 되어 세력을 더 키울 수 있었다. 그러나 인구도 많고 땅도 비옥한 하북 사천의 강자 원소에게는 고양이 앞의 쥐 신세였다.

둘 사이에는 마찰이 끊이지 않았다. 잦은 충돌이 이어지자 원소와 조조는 대립각을 세웠다. 결국 두 사람은 관도에서 대치하게 되었고 원소는 10만 대군을 출정시켰다. 원소 진영의 목책은 약 90리(약 36킬로미터)까지 이어졌다. 상대를 위축시키기에 충분한 포진이었다.

원소의 부하 저수가 싸움에 앞서 원소에게 진언했다.

"아군은 병사 수로는 앞서지만 용맹함에서는 조조 군에 미치지 못합니다. 조조 군은 식량이 부족하고 물자를 운송하는 보급로가 긴 것이 약점입니다. 지구전으로 끌고 가면 적군은 굶주린 끝에 전의를 잃게 될 것입니다."

말이 채 끝나기도 전에 원소가 저수를 막아섰다.

"우리 군의 사기는 충만해 있다. 일부러 장기전으로 끌고 갈 필요는 없다."

원소는 화를 내며 저수의 진언을 물리쳤다. 당시 원소 진영에서는 후계를 둘러싸고 세력 다툼이 있었다. 원소의 불신을 산 저수는 모든 권한을 박탈당하고 진중에 유폐되다시피 했다.

이윽고 전투가 시작되었다. 초반에는 수적으로 앞선 원소가 우세했다. 그러나 조조도 물러서지 않았다. 일진일퇴를 거듭하는 양상이었다. 서로 결정적인 공격을 가하지 못한 채 전장은 교착상태에 빠졌고 원소의 의도와는 다르게 전투가 장기화되어 갔다. 그러나 초조한 것은 조조였다. 식량이 바닥을 드러내고 있었다.

원소 군의 식량은 순우경 장군이 맡고 있었다. 그는 5명의 부장수와 1만여 명의 병사를 거느리고 방대한 양의 식량 보급 대열을 보호하고 있었다. 순우경은 원소 진영에서 북방으로 40리(약 16킬로미터) 떨어진 오소에 주둔하고 있었다.

이때 전환점이 찾아왔다. 대치가 이어진 지 한 달가량 지났을 무렵이었다. 조조가 허(許)를 지키던 군사장군 순욱에게 식량 운송을 요청하는 특사를 파견했는데, 그 특사가 원소 군의 장수인 허유에게 붙잡혔다. 허유는 급히 원소에게 아뢰었다.

"이 서한을 보십시오. 조조 군의 식량은 바닥을 드러냈습니다. 지금이 공격을 퍼부을 적기입니다. 또 이 기회에 발 빠른 군사를 조직해 조조의 본거지인 허를 쳐야 합니다. 그렇게 하면 조조 군은 갈 곳을 잃고 사방으로 흩어지고 말 것입니다."

허유는 아군에게 절호의 기회가 찾아왔다고 보고 적극적으로 진언했다.

그러나 또 다시 원소 진영 내에서 세력 다툼이 불거졌고, 허유가 지나치게 탐욕스럽다는 점과 허유의 아들과 조카가 악정을 펼쳐 공물을 횡령했다는 사실이 원소의 귀에 들어갔다. 결국 허유의 진언은 받아들여지지 않았다.

이에 크게 실망하고 신변의 위험마저 느낀 허유는 어릴 때부터 알고 있던 조조에게 몸을 맡기기로 했다. 늦은 밤 허유가 조조 군의 진영에 도착하자 조조는 크게 기뻐하며 맨발로 그를 맞았다. 허유는 조조에게 원소 군의 방대한 병참 물자가 오소에 있다는 사실을 알리고 후군인 순우경을 치도록 조언했다.

"순우경은 술독에 빠져 삽니다. 수비가 허술하지요. 오소에 이르는 길에 원소 군을 만나더라도 '오소의 물자 방어를 강화하기 위해 파견되어 가는 길이다.'라고 말하면 아무도 의심하지 않을 겁니다."

다음 날 새벽 조조는 하후돈에게 명령을 내려 오소로 출정케 했다. 기마병과 보병을 합쳐 5천 명에 지나지 않는 단출한 부대였다.

:: 관도전투 ::

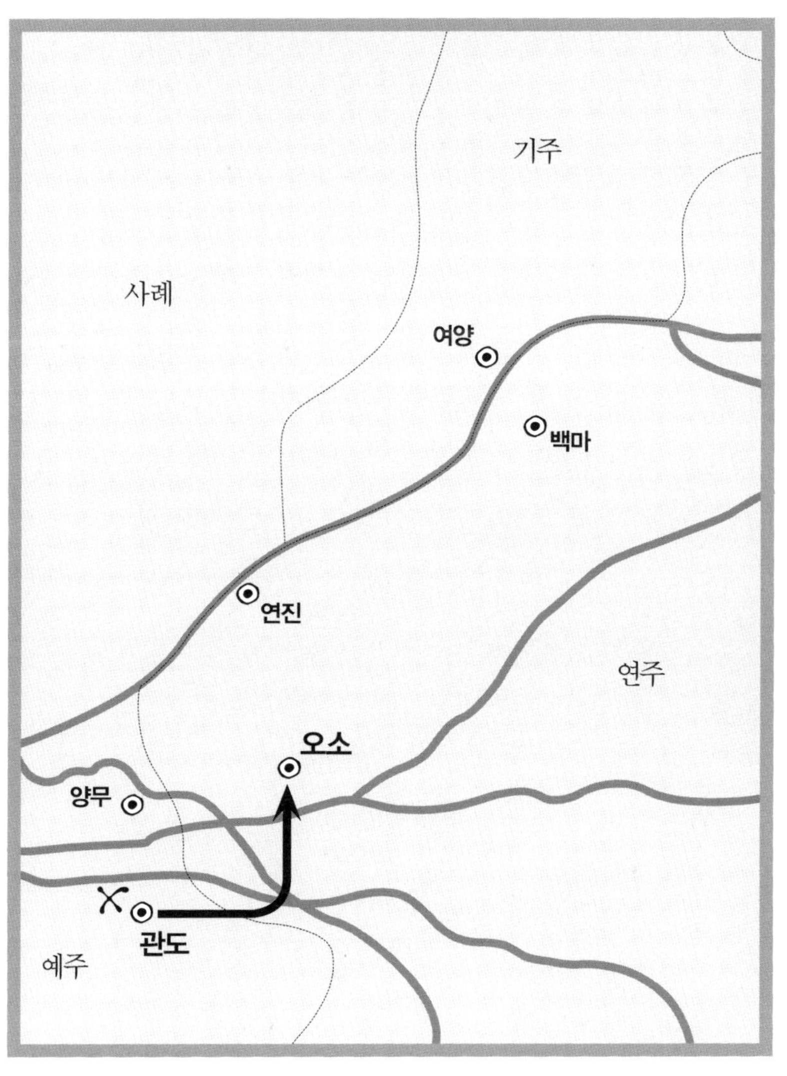

조조 부대가 원소 진영 근처를 지날 때였다.

"너희는 어디 소속이냐?"

"우리는 식량을 방어하기 위해 오소로 향하는 길이다."

원소 군의 깃발을 앞세운 조조 군은 원소 군의 경계망을 어렵지 않게 빠져나갔다.

깊은 밤 조조 군은 오소에 도착하자마자 북소리를 크게 울렸다. 방심한 틈에 기습을 받은 수비대는 무참하게 패하고 뿔뿔이 흩어져 달아났다. 조조 군은 오소에 비축해 두었던 방대한 양의 식량과 보급 물자를 하나도 남김없이 태워버렸다.

이 소식은 금세 원소의 귀에 들어갔다. 원소는 곧 부장군인 장합과 고람에게 명해 조홍(조조의 사촌동생)이 지키고 있는 조조 군의 본영을 급습하도록 했다. 그러나 이 두 장수는 순우경이 패했다는 얘기를 듣고 조조에게 투항했다. 원소 군은 순식간에 와해되었다. 원소는 군대를 버리고 황하 너머로 도망쳤다.

: 경쟁사보다 역량이 뛰어난 부분을 찾아라 :

식량 보급 부대의 위치는 일급비밀에 속한다. 그러나 원소는 이 정보를 소홀히 다루었고, 조조는 이를 중시했다. 이 차이가 관도전투의 승패를 갈랐다.

이 차이가 생긴 이유는 무엇일까. 원소 군 내부에 후계자 문제가 불거진 탓도 있겠지만 자신의 병력을 과신한 원소의 잘못이 더 크다. 병력 수에서 상대를 압도한다고 자만한 탓에 부하 관리에 소홀하였고 나아가 상대가 자신의 후방을 공격하리라고는 미처 생각지 못한 것이 패배로 이어졌다.

그 어떤 강자라도 약점은 있기 마련이다.

특히 강자는 거대 조직을 운영해야 하는 부담이 있다. 잠시 한눈을 파는 사이 결속력은 느슨해지고 틈이 벌어진다. 이때가 도전자에게는 가장 좋은 기회이다.

그렇다면 오늘날 기업에서는 어떻게 약점을 찾아야 할까?

하버드 비즈니스 스쿨의 마이클 포터 교수는 '경쟁우위 전략'에서 '가치사슬(value chain)' 개념을 제창했는데 이 개념이야말로 적의 약점을 찾아내기 위한 효과적인 수단이다.

기업은 특별한 가치를 제공함으로써 수익을 창출한다. 이때 가치를 창조하기 위한 비즈니스의 전체적인 흐름을 '가치사슬'이라고 부른다.

전자회사 A사를 예로 들어보자.

A사는 TV를 제조하는 회사다. 이곳에는 제품 설계, 제조, 판매, 인사 등과 관련한 다양한 전문가들이 있다. 이들은 모두 가치 창출에 기여한다. 예컨대,

1) 구매부에서는 제품의 원자재인 부품의 발주·수령·배분을 담당한다.

2) 제조부에서는 조달한 부품을 조립해서 제품화한다.

3) 이렇게 제품이 완성되면 영업부에서 판매한다.

4) 최종적으로 고객이 A사의 TV를 구매함으로써 매출이 발생한다.

A사의 비즈니스는 1~4까지의 과정, 즉 사슬과도 같은 연쇄작용을 통해 이루어진다. 마이클 포터 교수는 '최종적으로 거두는 매출'을 가치(value), '가치를 창조하는 기업의 연쇄적인 활동'을 가치사슬이라고 불렀다.

이때 가치사슬 전체로는 역량이 떨어져도 특정 부분에서는 강자보다 자사의 역량이 뛰어난 부분이 있을 것이다. 그리고 상대보다 역량이 뛰어난 부분을 찾아낸다면 어디에 집중해야 하는지도 발견할 수 있다.

"경쟁사보다 역량이 뛰어난 부분을 찾는 것."

마이클 포터는 이를 '경쟁우위의 원천을 분석한다.'고 표현했다. 경쟁사와 자사의 전체적인 규모를 비교 검토하는 것이 아니라(원소

:: 조직구조와 가치사슬 ::

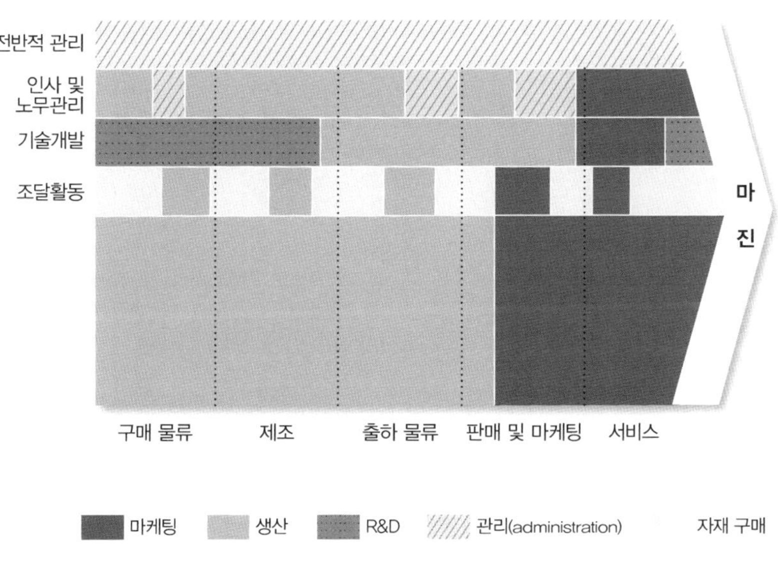

가치사슬은 '구매 물류', '제조', '출하 물류', '판매 및 마케팅', '서비스' 이렇게 5가지 주요 활동으로 분류된다. 지원활동으로는 '조달활동', '기술개발', '인사 및 노무관리', '전반적 관리' 4가지가 있다.

가 빠진 함정이다), 가치사슬 각 분야의 개별 활동에 초점을 맞춰서 비교 분석한 다음 경쟁의 원천을 모색하는 전략이다.

이와 같이 '전체에서 부분으로' 초점을 축소시키면 특정 부분에서는 경쟁우위를 유지할 수 있게 된다.

그렇다면 가치사슬을 통한 구체적인 전략은 어떻게 실행될까? 이제 '캐논'과 '마츠이증권'이 어떻게 성공을 거두었는지, 어떻게 시장 점유율을 높였는지 살펴보자.

• Case 1 •

서비스 분야를 끈질기게 물고 늘어진 캐논

1970년대 중반 캐논은 미국에 복사기 수출을 적극적으로 확대할 계획을 세우고 있었다. 1978년 가을에는 미국 판매 자회사에 2배 이상 증자했고, 1979년에는 전환사채를 8천만 달러가량 발행했다. 그리고 1979년 7월 캐논은 워싱턴 영업소를 개설했다.

이전까지 캐논은 지역 딜러(dealer)를 통해 미국에 복사기를 판매했다. 그러나 딜러들의 판매활동은 부진했고 매출은 생각처럼 오르지 않았다.

당시 미국 복사기 시장에서는 제록스, IBM, 코닥 등의 세 회사가 높은 점유율을 차지하고 있었다. 그중에서도 최강자 기업은 제록스였다.

캐논의 워싱턴 영업소가 개설된 1979년 초에는 단 3대의 복사기밖에 판매되지 않았다. 캐논은 절대로 제록스의 아성을 무너뜨릴 수 없으며 이제 곧 보따리를 쌀 것이라고 예측하는 사람들이 많았다. 하지만 캐논은 관도전투의 조조처럼 끈기 있게 진을 치고 철수할 기미를 보이지 않았다.

캐논이 노리던 강자의 약점은 '애프터서비스'였다. 당시의 복사기는 일정 기간이 지나면 드럼이 오염되어 더 이상 쓸 수 없었다. 다시 가동하려면 클리닝을 해야 했다. 이는 캐논뿐 아니라 타사 제품도 마찬가지였다. 또한 드럼에 종이가 말려들어가 고장이 잦던 시절이었다. 그때마다 서비스 직원이 달려가야 했다.

최강자인 제록스조차 만족스런 애프터서비스를 한다고 볼 수 없었다. 고객은 늘 늦게 도착하는 서비스 직원에게 투덜거렸고 서비스 내용에 불만을 터뜨렸다. 그래서 캐논은 애프터서비스 직원을 늘리고 고객의 서비스 요청에 세심하게 대처할 수 있는 구조를 만들고 때가 무르익기를 기다렸다.

그 예상은 적중했고, 1980년 이후 워싱턴 영업소의 복사기 판매는 급증했다. 마침 그 시기에 호재도 생겨났다. 복사기 분야에서 소형화 바람이 분 것이다. 워싱턴의 각 정부기관들이 대형복사기에서 소형복사기로 교체하기 시작했다. 1979년 당시에는 최강자 기업인 제록스 제품군에 소형 복사기가 없었다. 하이엔드(high end, 최고급) 기기와 비교해 인쇄 속도는 느리지만 가격이 저렴한 소형복사기는 캐논의 강점으로 꼽히는 분야다. 캐논은 이 기회를 놓치지 않았고, 매출은 순조롭게 증가했다.

1981년의 연매출은 250만 달러였다. 이듬해인 1982년에는 700만 달러로 3배 가까이 늘었다. 이런 기세는 워싱턴에서 미국 전역으로 확대되었다. 1981년 당시 캐논의 일반용지 복사기는 연간 판매대수에서 미국 1위 자리를 거머쥐었다.

당시 캐논이 최강자의 약점인 애프터서비스에 심혈을 기울였다는 사실은 미국 현지에 공장을 가동한 것만 보아도 잘 알 수 있다.

1981년 가을 캐논은 일반용지 복사기용 감광 드럼을 미국 내에서 생산하기 시작했다. 감광 드럼이란 복사기 인쇄의 핵심 부품이다. 한정된 복사매수를 초과해서 사용하면 드럼 수명이 다하게 되고, 사용자는 애프터서비스 직원에게 드럼 교환을 요청해야 한다. 그러나 드럼 재고가 부족할 때가 문제였다. 일본에서 어느 세월에 가져올 것인가. 이를 해결하기 위해 드럼을 현지에서 생산하려고 했던 것이다. 최소한 서비스 측면에서는 경쟁업체에 뒤지지 않기 위한 노력이었다.

애프터서비스의 일부를 과감히 없앤 획기적인 복사기 PC 시리즈

캐논의 혁신은 판매 이후의 서비스 활동에 국한되지 않았다. 캐논은 지금까지 없었던 새로운 시장을 개척했다. 1982년 가을에 신제품 PC 시리즈를 출시했다. 새로 출시된 제품은 PC-10, PC-20으로 두 가지 버전이었다.

기존의 복사기는 드럼을 교체할 때마다 서비스 직원을 불러야 했다. 그러나 캐논의 PC 시리즈는 복사기의 상식을 뒤엎었다. 카트리지 수명이 다하면 사용자가 카트리지를 구매하여 직접 교체할 수 있도록 했다. 드럼을 카트리지 방식으로 바꿈으로써 애프터서비스 직원이 없어도 사용자가 드럼을 교체할 수 있게 된 것이다. 이렇게 캐논은 복사기에 필수적이던 애프터서비스의 일부를 없앴다. 2천 매까지 복사할 수 있는 카트리지를 출시했고, 판매처를 다변화하

여 어디서나 쉽게 드럼과 토너를 구입할 수 있도록 만들었다. 캐논이 유지보수의 필요성을 없애자 제록스의 복사기는 더더욱 서비스 받기 불편한 제품으로 인식되기 시작했다.

이듬해인 1983년 PC 시리즈는 날개 돋친 듯 팔렸고 생산은 월간 3만 대에 달했다. 이는 캐논이 복사기를 판매하기 시작한 후 최고 기록이었다. 판매 호조세는 계속 이어져 캐논의 국내외 복사기 판매대수는 9월에만 5만 5천 대를 기록했다. 그때까지 최고기록이었던 6월의 4만 9천 대를 돌파한 것이다. 또한 연간 판매대수도 55만 대를 달성하여 전년 실적인 28만 5천 대를 크게 웃돌았다. 금액 기준으로는 전년대비 30% 늘어난 1,400억 엔의 매출을 기록했다. 전체 매출 중에서 수출 비중은 70~80%에 이르렀다.

그 후 제록스는 중소형 복사기를 시장에 투입하여 캐논에 대항했지만 캐논의 입지는 흔들림 없이 점유율 1위를 유지하며 저속 복사기 분야에서 제록스를 멀찌감치 따돌렸다.

한마디로 제록스의 약점인 서비스 부분을 공략한 캐논의 완승이었다. 강자라고 해도 어딘가에는 반드시 약점이 있다. 제아무리 힘 센 골리앗이더라도 가치사슬 가운데 자사가 우위에 있는 부분을 찾아낸다면 이길 가능성은 생긴다.

참고로 캐논이 보수가 필요하지 않은 복사기를 출시함으로써 얻은 이익은 또 하나 있다. PC 시리즈의 판로 확대이다. 애프터서비스가 필요하지 않으므로 서비스 직원이 없는 일반 매장에서도 복사기를 판매할 수 있게 되었다.

일본 국내에서는 캐논 제품을 판매하던 사무기기 매장과는 별도로 문구점이나 'PC 매장'에서 판매할 수 있도록 판로를 넓혔다. 미국에서도 PC 매장에서 복사기를 판매할 수 있도록 판로를 확대했는데 그 일환으로 대형마트 업계 1위인 시어즈로벅(Sears Roebuck)과 제휴를 맺어 소비자를 공략했다.

약점은 뜻밖에도 혀 —————————

약점을 노리는 것은 사람만이 아니다. 육식동물들은 자신보다 덩치 큰 초식동물을 잡기 위해 빈틈을 노린다.

알라스카에 사는 순록은 때마다 한 번씩 대이동을 한다. 이때 순록의 무리를 쫓아 회색이리도 함께 이동한다. 이리는 주로 캄캄한 밤에 공격을 감행한다.

이리 떼의 공격을 받은 순록은 도망치기 시작하는데 주로 허리 높이의 관목 숲으로 뛰어든다. 키가 작은 이리는 관목 숲을 잘 통과하지 못하기 때문이다. 물론 들판이라고 이리에게 반드시 유리한 것은 아니다. 순록은 긴 다리로 성큼성큼 도망치기 때문에 쉽사리 잡히지 않는다. 더구나 순록에게는 뿔이 있으므로 바깥쪽을 향해 둥글게 둘러서면 이리들이 쉬이 접근하지 못한다.

그러나 이리에게는 한 가지 장기가 있다. 바로 오래 달리기. 팔팔한 순록을 잡기는 하늘의 별 따기지만 지친 순록은 이야기가 다르다.

오랜 추격전 끝에 지친 순록들은 고개를 축 늘어뜨린다. 동시에 혀를 빼물고 헉헉 숨을 몰아쉰다. 이리가 기다리던 순간이

다. 이리는 낮게 순록의 얼굴 쪽으로 파고들어 순식간에 순록의 혀를 물어뜯는다. 그러곤 더 이상 공격하지 않는다. 혀를 물어뜯긴 순록은 피를 쏟다가 숨지기 때문이다.

'판매 및 마케팅'에서 경쟁우위를 확보하여 업계 1위가 된 마츠이증권

닛케이 평균주가가 1만 엔대 밑으로 떨어진 2001년에도 성장을 이어간 증권회사가 있다. 인터넷 전용 증권회사인 '마츠이증권'이다.

마츠이증권은 1991년 잠시 적자로 허덕였으나 곧 흑자로 전환하여 실적을 계속 높여갔다. 1999년에는 전 직원 200명의 작은 규모로 1,979억 엔에 달하는 거래를 중개했다. 이는 1,000명 이상의 종업원을 가진 준대형 증권회사의 실적에 필적하는 규모다.

2000년에는 마침내 신용거래에서 노무라증권을 제치고 월간 위탁판매 건수 1위 자리에 올랐다. 온라인, 오프라인 거래 전 부문을 합치면 마츠이증권은 증권업계 최강자인 노무라증권에 뒤진다. 하지만 신용거래 월간 위탁판매 건수 분야에서는 노무라, 다이와, 닛코 등에 뒤지지 않았다.

그리고 2001년 마츠이증권은 위탁거래 건수에서 대기업인 다이와증권, 닛코증권을 제쳤다.

마츠이증권 역시 최강자의 약점을 공략하는 전략을 사용했다. 가치사슬로 이야기하면 공룡들의 아킬레스건은 '판매 및 마케팅' 부문이었다. 당시 증권회사의 영업 방식은 천편일률적이었다. 흔히들 마츠이증권이 1998년에 시작된 인터넷 거래를 계기로 실적을 향상시켰다고 하는데 이는 사실과 다르다. 대전환기를 맞은 것은 1992

년경이었다.

당시 일본의 증권회사는 대장성(현재의 재무성)의 철저한 관리 아래 놓여 있었다. 대장성은 면허제를 통해 증권회사들을 통제했기 때문에 증권회사가 차별화된 서비스를 제공하기 어려웠다. 영업사원과 고객이 마주 앉아 대화하는 풍경은 어디를 가나 똑같았다.

그러나 살얼음 아래로는 강물이 흐르는 법이다. 실제 고객들 중에는 직원을 필요로 하지 않는 사람들이 많았다. 그런 가운데 마츠이 증권은 대면(face to face) 영업을 전면 폐지하는 전략을 세웠다. 증권회사의 기본인 중개 업무에 초점을 맞추겠다는 판단이었다. 우선 나가노 현에 수주 전담 콜센터를 개설하고 영업점을 차례차례 폐쇄했다. 그런 다음 주문 방식을 전화 거래로 바꾸었다.

고객은 신문광고를 보고 전화로 주식 매매를 주문했다. 상담도 없고 추천 종목도 없었다. 주식 투자에 익숙한 고객이 선호하는 영업 방식이었다. 당연히 영업에 드는 비용은 절감되었고 고객의 책임 아래 매매를 중개하므로 고객이 손실보전을 요구하는 문제도 피할 수 있었다.

당시 마츠이증권은 도쿄와 나가노에만 영업소를 남겨두었는데 콜센터가 개설됨에 따라 영업 구역은 전국으로 확대되었다. 거품경제 붕괴 후 적자였던 경상이익은 1994년 1분기부터 흑자로 전환되었다.

그러나 신문광고만으로는 한계가 있었다. 그래서 1996년에는 주식 예탁 관리비의 무료화를, 이듬해인 1997년에는 장외주식 위탁 수수료 50% 할인제도를 도입했다. 둘 다 증권업계 최초였다. 그리고 1998년 마츠이증권은 일본 최초로 본격적인 인터넷 거래를 시작했다. 인터넷 거래는 미리 거래 계좌를 개설한 증권회사 홈페이지에 로그인하여 주식과 투자신탁 등의 매매주문을 할 수 있는 시스템이었다. 마우스 클릭만으로 매매주문이 가능했다.

당시 증권업계에는 '인터넷을 통해 주식을 살 리가 없다. 고객들은 영업 담당자의 추천 종목에 귀를 기울인다.' 이런 인식이 뿌리 깊게 자리를 잡고 있었다. 그러나 고객의 실제 욕구는 증권업계의 인식과는 거리가 있었다. 영업 직원의 설명이나 추천을 귀찮게 여기는 고객이 존재했던 것이다. 인터넷 거래는 자율적으로 자산을 운용하고자 하는 개인 투자자, 젊은 회사원, 자영업자들의 요구와 딱 맞아떨어졌다. 마츠이증권의 인터넷 고객 계좌 수가 매월 20%씩 증가한 것만 보아도 고객의 호응이 얼마나 뜨거웠는지 알 수 있다.

1년 후인 1999년에는 거래 계좌 수가 9천 개를 돌파했다. 계좌 수는 하루에 150개씩 증가해 2000년 10월에는 3만 5천 개를 기록, 처음으로 전화거래 고객 수를 넘어섰다.

또한 마츠이증권은 인터넷 거래 활성화를 위해 델컴퓨터와 손을 잡았다. 즉 컴퓨터 전문가가 고객을 방문하여 컴퓨터 설치 및 인터넷 회선 연결을 도와주고, 컴퓨터 조작 시의 문제에 대응하는 체제를 구축한 것이다. 이 서비스 덕분에 컴맹들도 인터넷으로 거래를

하게 되었다.

1999년 10월 일본에서는 증권 매매 수수료가 완전 자유화 되었다. 마츠이증권은 서비스 강화를 위해 증권업계 최초로 매매 수수료를 '지정가 매매 3회까지 수수료 3천 엔'이라는 정액제를 도입했다. 2000년부터는 횟수 제한도 폐지했다. 반면 노무라증권은 2008년 현재에도 약정대금이 100만 엔일 경우, 매매수수료가 1만 엔을 넘는다(할인제도 이용 시 4,914엔).

그 무렵 증권가에는 이트레이드, 마넥스, 라쿠텐증권 등 경쟁회사가 잇달아 등장했다. 그러나 마츠이증권은 온라인 증권시장 1위 자리를 놓치지 않았다. 그리고 2001년에는 드디어 신용거래 분야에서 최강자 기업인 노무라증권을 제쳤다.

3장 천하삼분지계
강자의 등잔 밑에서
힘을 비축하다
세그먼테이션

천하삼분지계 (天下三分之計)

■ 공명, 전략의 밑그림을 제시하다

장기는 말을 가지고 하는 경기이지만 말만으로는 이길 수 없다. 유비 곁에는 관우, 장비와 같은 호걸들이 자리를 지키고 있었지만 전략적으로 뛰어난 인재가 없었다. 어느 날 유비는 수경선생이라 불리던 사마휘에게 공명의 재능에 대해 전해 듣는다. 그는 융중 땅의 와룡강으로 두 번이나 찾아갔지만 공명을 만나지 못했다. 그러다 세 번째 방문에서 유비는 공명의 마음을 얻게 된다. 삼고초려라는 말이 생겨난 일화이다. 그때 공명이 유비에게 제시한 전략이 있는데 그것이 바로 '천하삼분지계'였다.

조조가 관도전투에서 원소를 무찌르는 사이, 유비는 조조의 본거지인 허를 급습했다. 그러나 재빨리 귀거한 조조에게 대패하고 쫓기는 몸이 되어 형주의 유표에게 몸을 맡겼다.

유비가 형주의 신야에 주둔하고 있을 때였다. 유비는 세 차례 찾아간 끝에 공명을 만났다.

"한 왕조는 내리막길로 치달은 데다 간신들의 전횡이 극에 달했소. 지금 나라가 혼란스러워 백성들 또한 매우 힘겨운 나날을 보내고 있소. 부족한 이 몸으로 천하에 대의를 펼치려 했으나 지혜와 계책이 모자라 지금껏 이룬 것이 아무것도 없소. 그러나 지금도 그 뜻만은 버리지 않았다오. 내가 어찌해야 좋을 것으로 생각하시오?"

그러자 공명이 대답했다.

"뜻을 이루고 못 이루고는 공께서 어찌하시는가에 달렸습니다. 동탁이 봉기한 이래로 호걸들이 일제히 일어나 그 수를 헤아릴 수 없습니다. 조조는 원소보다 세력도 약하고 명성이 미약했지만 결국 원소를 이기고 강자가 되었습니다. 이는 천운이 따랐기 때문만은 아닙니다. 조조에게 지략이 있었기 때문입니다. 지금 조조는 백만 대군을 이끌면서 천하를 호령하고 있습니다. 대등하게 맞서 싸울 상대가 아닙니다. 그리고 강동의 오나라를 다스리는 손권은 부친 손견, 형 손책과 함께 3대에 걸쳐 백성들을 잘 다스려 나라를 풍요롭게 만들었고 뛰어난 인재도 많이 갖고 있습니다. 그러므로 손권에게는 대적하지 말고 손을 내밀어야 마땅하겠지요."

공명의 말을 들은 유비는 어깨가 축 처졌다. 그 말대로라면 더 이상 뜻을 펼칠 여지가 없었기 때문이다. 그러나 바로 그때 공명은 지도를 꺼내 보였다. 그것은 조조와 손권의 세력이 아직 닿지 않은 '형주와 익주'가 그려진 지도였다. 공명은 지도를 가리키며 말했다.

"이곳을 꾀해야 합니다. 조조, 손권 모두 손이 닿지 않은 이 두 주의 주인이 되어 익주 서쪽의 오랑캐를 다스리고 남으로 이민족과 화친한 후에 손권과 동맹을 맺고 국력을 키운다면 중원을 평정하실 수 있으십니다."

이 전략을 '천하삼분지계'라고 한다. 조조와 손권에게 정면으로 창을 겨누는 것이 아니라 우선 천하를 삼등분하여 세력의 균형을 맞추는 방법이다. 유비가 몸을 의탁하고 있던 형주 자사 유표는 늙고 병들었으며, 그의 두 아들은 누구도 시대를 뛰어넘을 그릇이 못 되었다. 익주의 유장은 세속에 흥미가 없고 정치가로서 자질도 부족했다. 게다가 이기적인 성격으로 백성들을 못살게 굴었다. 그리고 두 곳 모두 조조와 손권의 손길이 미치지 않는 지역이었다.

유비는 공명을 군사장군으로 맞이하고, 손권의 누이를 아내로 삼아 오나라와 동맹을 맺어 조조에게 맞섰다. 그리고 우여곡절 끝에 익주를 공략하여 형주의 일부와 함께 영유하게 되었고 촉한을 건국하게 된다.

:: 형주와 익주 ::

유주
량주
병주
기주
청주
약소 세력
옹주
장안
낙양
사례
연주
서주
허
조조
예주
한중
장노
양양
말릉
성도
유표
합비
오
유장
강릉
손권
파
하구
익주
형주
장사
양주
교주
교주
이주

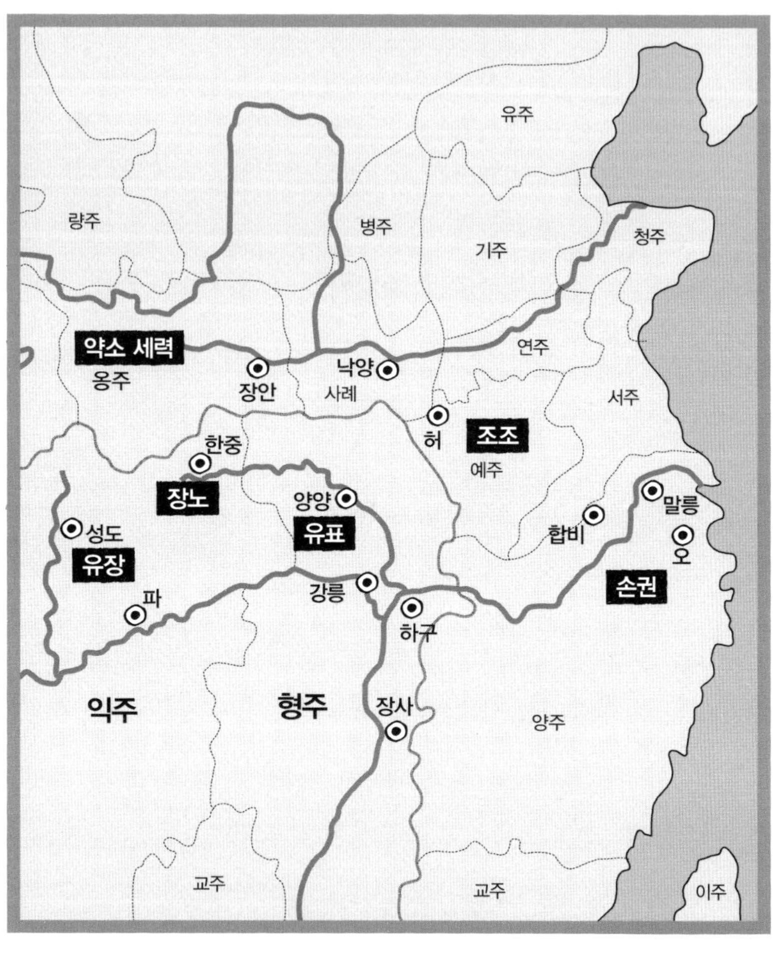

: 무주공산을 찾아라 :

유비에게는 관우, 장비, 조자룡을 비롯해 뛰어난 무장들이 있었다. 그러나 강자인 조조를 상대로 승리하기 위해서는 전력뿐 아니라 전략도 필요했다. 유비는 그때까지의 전투를 통해 전략을 수립할 인재가 없다는 사실을 통감하게 된다. 자신이 보유한 전력만으로는 수도 많고 무기도 풍부한 강자를 결코 이길 수 없었다. 유비는 이 문제를 해결하기 위해 공명을 군사장군으로 맞이했다.

공명이 제언한 '천하삼분지계'는 위촉오 삼국을 정립하여 공존시키는 것이 포인트였다. 즉 촉과 오가 동맹을 맺어 최강자인 위를 견제하여 균형을 잡는 것이 핵심이다. 그런 다음 힘을 비축하여 중원을 공략한다!

이 장에서 주목해야 할 것은 공명의 착안점이다. 공명은 위, 오의 손길이 미치지 않은 제3의 땅, 즉 익주와 형주에 주목했다. 위, 오를 공략하기에는 병력이 열세였다. 그래서 우선 강자의 세력이 닿지 않은 땅에 나라를 세우고 국력을 비축한 후에 천하를 도모하기로 한 것이다.

만일 이런 일이 비즈니스에서 벌어지면 어떻게 될까? 당시 가장 위세가 높았던 것은 위의 조조였다. 시장에 빗대자면 최강자 기업이다. 이에 대항하는 유비는 도전자 기업이다. 오의 손권은 점유율 2위 기업으로 볼 수 있다. 이런 상황에서 도전자는 어떻게 해야 할까? 강자가 주목하지 않은 곳으로 진출해야 한다.

: 세그먼트, 어떻게 찾을 것인가 :

강자가 주목하지 않은 곳을 찾기 위해서는 어떻게 해야 할까? 그 답은 바로 '세분화'다. 세분화란 말 그대로 잘게 분할하는 전략이다.

예컨대 중국을 지리적으로 동서남북으로 나누어 보는 것과 비슷한 방법이다. 이렇게 하면 최강자 조조가 손을 대지 않은 지역이 눈에 들어온다.

이 세분화 기법을 비즈니스에 활용할 수 있다. 자동차 산업이라면 자동차 시장을 세분화하여 기회가 될 만한 세그먼트를 찾는다. 세그먼트란 세분화하여 얻은 최소 단위이다. 그렇다면 어떻게 세분화를 하면 좋을까? 마이클 포터는 '경쟁우위 전략'에서 다음과 같이 말했다.

"업계는 구매자와 제품의 조합이다."

구매자와 제품을 각각 세분화한 뒤 이를 조합하면서 아직 최강자의 발길이 닿지 않은 곳, 즉 나에게 기회가 될 곳이 어디인지를 검토한다. 그 결과 유망 세그먼트가 있으면 그 부문에 주력한다. 마이클 포터는 이를 다음과 같이 표현했다.

"업계의 한 가지 혹은 소수의 세그먼트를 골라서 거기에 적합한 전략을 짜고, 해당 세그먼트에서 타사를 제거한다. 타깃으로 정한 세그먼트에 한정하여 전략을 최적화하는 것이므로 업계 전체에서

64

:: **업계 세분화와 경쟁우위** ::
세그먼트 간 5요인*의 차이

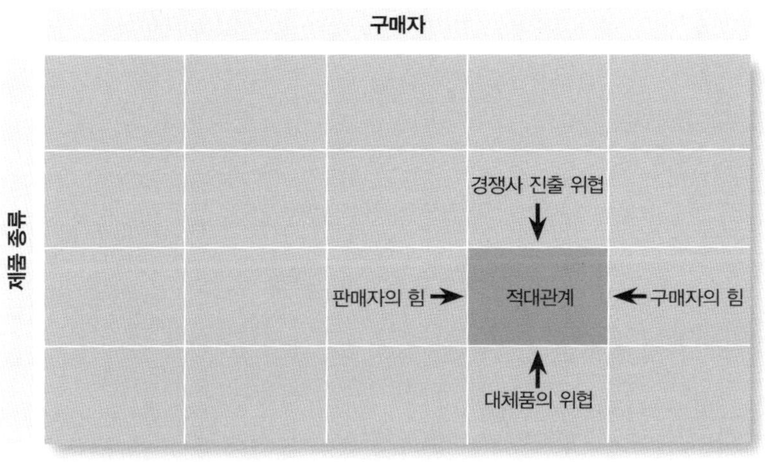

구매자와 제품을 각각 세분화하여 그림의 각 칸을 분석하여 자사에 기회가 될 부분을 검토한다.
*5요인, 즉 5가지 경쟁요인에 대해서는 106쪽 참조

경쟁우위를 점하지 못하더라도 상관없다. 이길 수 있는 세그먼트를 찾아낸다면 얼마든지 승리할 수 있다.”

그렇다면 구매자와 제품을 어떻게 세분화하면 좋을까? 구매자에 대해서는, 시장에 존재하는 모든 구매자를 면밀히 조사해 구매자별로 차이점을 찾아내는 것이 중요하다. 마이클 포터는 구매자 세분화를 위한 힌트로 '구매자 형태, 지리적 위치, 유통 채널'의 세 가

지 기준을 제시했다. 단 세분화에 있어서 절대적인 변수는 없다.

마케팅 분야에서는 구매자 특성을 분석할 때 세그먼테이션 (segmentation) 기법을 사용한다. 구체적인 접근법으로는 나이, 소득, 가족 수, 구매결정자 등이 있다. 나이로 분류하면 '만 7세 미만(미취학 아동), 만 7~12세(초등학생), 만 13세 이상(중학생 이상)'과 같은 세분화가 가능하다.

예컨대 강자 기업이 초등학생만을 대상으로 상품을 판매한다면 자사는 중학생을 대상으로 삼는다. 이것이 세그먼테이션의 기초적인 개념이다.

제품 세분화 사례로는 물리적 크기, 가격수준, 성능 등을 들 수 있다.

캐논 복사기를 예로 들면 하이엔드와 미들엔드, 로우엔드로 나눌 수 있다. 이들 각각에 고객속성을 조합하면 다음과 같은 세그먼트를 도출해낼 수 있다.

- 하이엔드 기기를 선호하는 60대 남성
- 로우엔드 기기여도 디자인이 예쁘면 구매하는 10대 여성
- 미들엔드 기기를 업무용으로 사용하고자 하는 30대 도매업자

이런 분석을 반복하여 각 세그먼트를 더욱 깊이 검토하면 강자의 손이 미치지 않는 새로운 영역을 찾아낼 수 있다.

캐논 복사기의 성공도 세그먼트를 통해 설명이 가능하다. 요컨대 캐논은 제록스가 진출하지 않은 로우엔드 소형 복사기 분야에 뛰

:: 업계 세분화와 경쟁우위 ::
유전 장치 분야의 간략한 업계 세분화 매트릭스

유전 장치 산업을 간략하게 세분화하면 구매자는 '대형 석유회사', '대형 독립계열', '소형 독립계열'로 분류된다. 지리적 조건으로 세분화하면 '선진국', '개발도상국'으로 분류된다.

어든 것이 성공의 열쇠가 되었다고 볼 수 있다. 일본인의 강점인 경량화, 소형화를 무기로 하이엔드 기기 중심이었던 제록스에 도전장을 내민 것이 주효했다. 마침 시대의 흐름도 로우엔드 기기에 유리하게 바뀌어 제록스의 추격을 어렵지 않게 따돌릴 수 있었고, 끝내 판매대수 기준으로 미국 1위를 차지했다. '삼국지'로 얘기하자면 익주와 형주야말로 로우엔드 기기이다. 강자인 위와 오가 손을 대지 않는 영토였다.

이제 소개할 문구업체 '아스쿠르'도 마찬가지다. 문구업계 최강자 기업은 대기업을 대상으로 서비스를 제공하고 있었다. 그래서 도전자인 '아스쿠르'는 최강자가 손을 대지 않은 영역, 즉 중소기업을 타깃으로 삼았다.

• Case 1 •

아스쿠르, 최강자가 없는 곳으로 발길을 돌리다

사무용품 배달 서비스 업체인 아스쿠르는 1993년 창업 이래 현재까지 매출이 전년을 밑돈 적이 없는 우량기업이다. 높은 실적을 이어가는 것은 매출 신장뿐 아니다. 2000년에 상장한 이후 매년 배당금을 증액하고 있다.

아스쿠르는 문구종합 제조회사인 '플러스'의 사업부로 시작했다. '아스쿠르(내일 온다는 뜻의 일본어)'라는 회사명에서 알 수 있듯이 사무용품 익일 배달이 세일즈 포인트다. 1998년에는 도쿄 23개 구에서 인터넷 주문을 통한 당일 배송을 시작하는 등 문구업계에서는 최초의 시도를 잇달아 시행하고 있다.

'밤늦게도 주문할 수 있다, 다음날 도착한다, 품절이 적다'

이런 편리함이 아스쿠르의 장점이었다.

잠시 아스쿠르의 창업 배경을 살펴보자.

아스쿠르의 모기업인 플러스는 업계 최강자인 고쿠요에 밀려 만년 2위에 머무르고 있었다. 문제는 유통망이었다. 문구 제조업체 1위 기업인 고쿠요는 전국 3천여 곳의 총괄매장과 대리점, 2만여 곳의 소매점과 밀접한 관계를 맺고 있었다. 고쿠요는 이 유통망을 통해 자사에서 생산한 제품을 고객에게 제공했다.

반면 유통망이 부실한 플러스로서는 속 터질 노릇이었다. 아무리 품질 좋고 기능이 뛰어난 신제품을 개발해도 소용이 없었다. 제품 진열에 애를 먹었기 때문이다.

엎친 데 덮친 격으로 문구점의 전반적인 매출도 감소하고 있었다. 당시 문구점들은 저녁 6시면 문을 닫았다. 찾는 제품이 없는 경우도 다반사였다. 소비자로서는 이만저만 불편한 게 아니었다. 그런 와중에 양판점과 편의점이 문구류를 취급하자 개인 고객이 대거 이탈했다.

위기를 느낀 플러스는 유통 방식에 변화를 주지 않으면 생존키 어렵다고 판단했다. 그래서 사내에 통신판매를 담당하는 사업부를 탄생시켰는데 이것이 바로 아스쿠르였다.

아스쿠르는 경쟁사를 분석하기 시작했다.

'도대체 매출이 떨어져 가는 상황에서 고쿠요는 어떻게 대응하고 있을까?'

살펴봤더니 고쿠요는 법인 고객에게로 관심을 돌렸다. 문구류의 최대 소비자는 기업이 아닌가. 고쿠요는 기업 중심으로 배달 서비스를 시작하며 선전을 펼치고 있었다.

그런데 고쿠요는 규모가 작은 회사들에는 배달 서비스를 실시하지 않고 있었다. 마진이 적었기 때문에 애초부터 관심 밖이었던 것이다.

아스쿠르는 무릎을 쳤다. 타깃을 중소 사업장에 맞추면 될 것 같았다.

일본에는 종업원 30인 이하 사업장이 많고 매년 증가세에 있다. 아스쿠르는 이 업체들을 타깃으로 삼고 새로운 서비스를 내세웠다. 즉 오후 1시까지 주문을 완료하면 다음날 배송을 약속했고 이를 적극적으로 알렸다.

아스쿠르는 중소 사업장 세그먼트라는 시장을 찾아냈다. 이는 최강자인 고쿠요가 손대지 않은 부분이었다. 설령 총력전에서는 고쿠요에 밀리더라도 중소 사업장 서비스를 바탕으로 한 통신판매 분야에서는 우위를 점하며 매출을 늘릴 수 있었다.

아스쿠르의 종업원 수는 당시 441명이었다. 결코 규모가 큰 기업이라고 할 수 없다. 적은 인원으로 어떻게 익일 배송을 지킬 수 있었을까? 또 고객이 필요로 하는 상품을 품절 없이 제공할 수 있었을까? 아스쿠르의 비즈니스 스타일은 다음과 같다.

아스쿠르는 소매점과 공생할 수 있는 구조를 만들었다. 아스쿠르는 수주에서 납품, 그 밖에 카탈로그 제작과 판매가 설정, 고객문의 접수업무 등을 담당한다. 영업활동과 대금회수는 아스쿠르가 아니라 문구점 등의 소매점이 담당한다.

구체적인 순서는 이렇다.

우선 소매 문구점이 아스쿠르와 계약을 맺는다. 이 단계에서 소매 문구점은 아스쿠르의 사업 대리점으로 등록된다. 주변 기업에 영업을 하는 것이 대리점의 주요 역할이다. 지역과 밀착된 대리점은 그 신용을 활용하여 영업을 한다. 대금 회수도 대리점의 몫이다.

이 구조는 문구점과 아스쿠르에게 큰 이점을 가져다준다. 아스쿠르로서는 문구점에서 고객을 대신 유치해 주므로 이득이고, 문구점은 배송과 재고관리에 드는 비용을 절감할 수 있기 때문에 이득이다. 각자 중복되던 업무를 없앨 수 있으므로 원원이 가능하다. '특정 기능을 없애는 것'이 아스쿠르의 주요 전략이었다.

발상을 전환한 재고 관리 시스템

아스쿠르는 특정 기능을 없애는 독자적인 전략을 취하면서도 필요한 것을 남겨두는 데에는 주저함이 없었다. 즉 '무엇을 취하고 무엇을 버려야 하는지'를 아스쿠르는 잘 알고 있었다는 뜻이다. 이런 특색이 가장 잘 드러난 것이 바로 재고 적정화 전략이다.

필요 이상의 재고를 보유하지 않는 것이 비용을 절감하는 포인트이다. 그러나 당일이나 익일 상품 배송을 약속한 아스쿠르에 재고가 부족하면 이만저만 큰일이 아니다. 고객에게 연락을 취해야 하고, 별도로 배송해야 하는 등 비용이 불어날 뿐 아니라 서비스 품질도 떨어지게 된다.

또한 고객의 다양한 주문에 대처하려면 취급 품목을 늘릴 수밖에 없다. 창업 당시 500여 종에 불과하던 품목 수는 2009년 2월에 2만 6,100종으로 늘어났다. 카테고리도 문구, 사무용품, 복사용지, 토너 등 각종 사무용품과 컴퓨터, 사무 가구, 의료 및 간호 용품에 이르기까지 폭이 넓어졌다.

한편 사무용품 중에는 계절에 따라 수요가 달라지는 품목이 있다. 예를 들면 새해에는 파일, 연말에는 종이컵 수요가 늘어난다. 이처럼 품목별 수요의 추이를 예상하지 못하고 단순히 판매한 만큼 제품을 보충해서는 결코 재고관리를 할 수 없다. 이런 품목관리와 재고관리의 어려움을 잘 극복함으로써 아스쿠르는 계속해서 성장했다.

2000년 아스쿠르의 규모가 커지자 재고관리 시스템에 부하가 걸렸다. 담당자가 매일 야근을 해야 할 형편이었다. 그러면서도 재고 부족률은 나아질 기미가 없었다. 지속적인 성장을 위해서는 근본적인 재고관리 개혁이 필요했다.

그래서 아스쿠르는 IT 기술을 도입한 새로운 유통 시스템을 구축하기로 결정했다. 2001년에는 수요예측 및 자동발주 시스템을, 2002년에는 마케팅 정보 공유 시스템인 '싱크로매트'를 도입했다. 새로운 시스템을 가동한 후 재고 부족률은 획기적으로 낮아졌다.

유통사와 공급자가 수요에 관한 정보를 공유한다는 점에서, 싱크로매트는 획기적인 시스템이었다. 이전까지는 업계 관행상 각 소매점에서 자사의 수요동향을 외부에 알리지 않았다.

아스쿠르는 싱크로매트를 통해 물류센터별 상품 재고 수, 자사가 계산한 6개월 뒤의 수요 물량과 마케팅 정보를 공급자에게 제공했다. 이를 통해 공급자는 자사 상품의 정보를 확인하고 '며칠 뒤에는 아스쿠르의 재고가 바닥나겠다.'라는 사실을 즉시 파악했다. 공급자는 종래보다 불량재고 위험을 덜면서 생산할 수 있게 되었다.

그러나 무엇보다 아스쿠르 성공의 가장 큰 요인은 아스쿠르가 최강자의 손길이 닿지 않는 중소 사업장을 타깃으로 삼은 데 있다.

기존에는 영업효율이 떨어진다는 이유로 중소기업 고객에게는 적극적인 판촉활동을 하지 않았다.

그러나 아스쿠르는 '중소기업에도 익일 배송해준다'는 새로운 가치를 제공함으로써 지금까지 불편을 겪던 중소 사업장의 만족도를 높이고 비즈니스를 키웠다.

또 한 가지 짚고 넘어갈 점은, 최강자인 고쿠요가 통신판매에 뛰어들기 어려웠다는 사실이다.

당시 고쿠요는 도매업체와 밀접한 관계를 유지했다. 전국적으로 대리점이 거미줄처럼 구축되어 있었고, 도매업체가 중간에 개입하는 구조였다. 고쿠요가 아스쿠르처럼 통신판매에 주력한다는 것은 파트너인 도매업체들을 무시하는 일이었다.

이처럼 고쿠요는 인터넷 판매에 많은 경영자원을 쏟아 붓기 어려운 상황이었다. 그렇다고 손 놓고 구경할 수도 없는 법. 결국 도매업체에 출자하도록 유도하여 '인터넷 고쿠요'를 설립, 해결책을 모색했다.

이와는 반대로 플러스는 도매업체로 창업한 회사였기 때문에 사내에 판매회사를 두었고, 이 때문에 운신의 폭이 넓었다.

'최강자가 당장 따라 할 수 없는 것에 집중하라!'

이것이 현대 경영 전략의 승패를 가름하는 핵심이다.

Application

아스쿠르 사례의 응용

아스쿠르의 사례를 읽고 우리 회사는 자금이 없어서 아스쿠르와 같은 시스템을 구축하기 어렵다며 한숨을 쉬는 사람이 있을지 모른다. 그러나 최소한 힌트는 얻을 수 있다.

예를 들면 업계 최강자가 손을 대지 않은 지역에 주력하여 영업하는 것은 가능하다.

담당 지역 내에서 어떤 고객을 공략할 것인가? 업계 최강자는 교통편이 좋고 자사의 영업소와 가까운 곳에 많은 고객을 유치하고 있을 것이다. 그렇다면 업계 최강자가 이미 철옹성을 쌓은 장소를 공략할 것이 아니라 최강자의 손이 미치지 않은 지역을 공략하자. 그렇게 해야 성공률이 높아진다.

이 말은 최강자가 찾지 않는 원거리 지역을 찾으라는 뜻만은 아니다. 같은 도심부라도 주차장이 없는 회사는 노려볼 만하다. 최강자 기업이 영업 시에 자동차를 이용한다면 주차장이 없는 회사에는 들르지 않을 가능성이 크다. 이를 역으로 이용하는 것이 포인트이다. 상품 및 영업방식에 따라 다를 수 있지만 주차장이 없는 기업체를 찾는 도전적인 영업사원도 많다.

• Case 2 •

아무도 거들떠보지 않던 복합기에 주목한 브라더공업

과거 브라더공업은 재봉틀업계의 최고 브랜드로 통했다. 1908년에 창업한 이래 약 50년간 재봉틀을 만들며 방문 판매로 시장을 석권했다. 과거에는 재봉틀이 혼수용품 목록에서 빠지지 않는 상품으로 집집마다 1대씩은 반드시 보유했다.

그러나 시대는 변했고, 여성들은 재봉틀로부터 점점 멀어졌다. 게다가 주부가 집에 머무는 시간이 줄어들어 방문판매 사업은 하향 곡선을 그리게 되었다. 브라더공업은 실적 부진에서 벗어나기 위해 침구류, 보석 장식품 등으로 취급 품목을 넓혔지만 모두 참패하고 말았다. 결국 사업 방향을 근본적으로 바꿀 수밖에 없는 지경에 이르렀다.

1984년에는 로스앤젤레스 올림픽에 타자기를 제공해 잠시 호평을 받기도 했다. 그러나 본격적인 변신은 90년대에 시도되었다. 90년대 중반에 브라더공업은 사무기기 분야에 주력하기로 결정했다. 팩스 부문에서는 성공을 거두었다. 그러나 컬러복사기 부문에서는 실패를 맛보았다. 이 기간에 브라더공업의 주력 사업은 전자문구 등 전보통신 기기로 바뀌었다.

실패와 성공을 반복하던 브라더공업은 자사의 디지털 복합기 부문이 크게 성장하고 있다는 사실에 주목했다. 2003년 2월에는 일반 소비자용 상품을 출시했다. 프린트와 복사, 팩스뿐 아니라 디지털 카메라로 촬영한 영상을 바로 출력할 수 있는 다기능 제품도 선보였다.

당시에 개인용 프린터 시장은 세이코엡손, 캐논 2사가 점유율 90% 이상을 차지하는 독과점 상태였다. 맞불작전으로는 이들을 이길 수 없었다. 그러다 디지털 복합기에 가능성이 있다는 사실을 발견한 것이다.

브라더공업이 발견한 세그먼트는 공간이 협소한 소규모 회사였다. 사무실이 좁으면 사무기기를 둘 장소가 마땅치 않다. 이때 출력도 되고 팩스도 되는 복합기가 있다면 좁은 공간에서 유용하게 활용할 수 있다. 브라더공업은 소규모 회사에 적극적으로 영업을 펼치며 좁은 사무실에는 복합기가 적합하다고 홍보했다. 예상은 적중했고, 그 결과 프린터 점유율까지 높아지게 되었다.

• Case 3 •

레드햇(Red Hat)이 발견한 세그먼트, 오픈 소스

레드햇은 리눅스 디스트리뷰션(Linux Distribution)을 배포, 판매, 지원하는 기업이다. 리눅스 디스트리뷰션이란 컴맹도 얼마든지 리눅스를 설치할 수 있도록 만든 제품이다.

1990년대 중반까지 레드햇의 주력 사업은 마니아용 패키지 상품이었다. 무엇보다도 가격이 저렴했다. 사용자에게는 큰 이익이었지만 제조업체로서는 마진이 적다는 단점이 있었다.

레드햇이 성장하기 위해서는 높은 가격대의 제품을 판매하여 마진폭을 확대해야 했다. 마이크로소프트의 비즈니스 모델도 한 방법이었다. 그러나 레드햇은 다른 길을 택했다.

당시 레드햇과 마이크로소프트의 가장 큰 차이점은 '제품 프로그램의 소스 코드를 오픈할 것인가 말 것인가' 하는 점이었다. 리눅스가 등장하기 전까지는 누구도 프로그램 소스 코드를 오픈하지 않았다. 마이크로소프트 역시 사양 변경이나 버그 문제 등을 철저히 자사에서 해결했다.

그러나 리눅스는 소스 코드를 오픈했다. 소스가 공개되자 전 세계의 프로그래머가 리눅스에 모여 무상으로 버그를 수정하거나 사양을 향상시켰다. 프로그래머들은 '작업의 즐거움, 사람들에게 도움이 되는 것을 만들고자 하는 의욕, 리눅스 관련 전문가로서의 명예' 등을 누리면서 작업에 몰두했다. 오픈 소스 세계에는 공존, 공생이라는 개념이 보편화되어 있었다.

마이크로소프트와 같은 비공개 제품은 단가가 비싸서 마진폭도 크다. 그러나 레드햇은 오픈 소스를 고집했다. 인터넷으로 이어진 전 세계 커뮤니티를 통해 모두가 힘을 합치는 것이야말로 최고의 소프트웨어를 만드는 길이며, 앞으로 살아남을 유일한 방법이라고 판단했기 때문이다.

그러나 오픈 소스 노선이 전부는 아니었다. 레드햇은 기존의 노선을 고수하는 한편 새로운 영역으로 손길을 뻗쳤다. 기업용 지원 사업에서 수익 모델을 찾아보기로 결정한 것이다.

기존에는 소프트웨어가 업그레이드되면 사용자가 돈을 내고 새로운 소프트웨어를 사야 했다. 그리고 지원을 받는 데도 한계가 있었다. 레드햇은 계약기간 중에는 사용자가 제한 없이 지원을 받을 수 있도록 만들었다. 또 소프트웨어를 무료로 내려 받을 수 있도록 하여 더 이상 CD-ROM이 필요치 않도록 했다. 또한 지금까지는 설명서와 관련 소프트웨어를 리눅스에 첨부해서 기업에 판매하는 것이 전부였다. 그러나 레드햇은 기업용 시스템 구축과 컨설팅 서비스를 시작하여 이 분야에서 수익 모델을 탐색했다.

이는 업계 최강자인 마이크로소프트와도 다른 사업형태이며, 기존의 리눅스 계열 소프트웨어 패키지 상품을 판매했던 스타일과도 다르다. '삼국지'에 빗대어 말하자면 위와 오의 세력이 미치지

않은 지역, 즉 전혀 새로운 제3의 땅을 찾아낸 셈이다. 레드햇이
크게 성장하게 된 계기가 바로 여기에 있다.

Image Thinking

자연에서 찾는 세그먼트

아프리카에서는 풀이라는 한정된 자원을 놓고 서로 다른 세그먼트에서 영양분을 취하는 모습을 찾아볼 수 있다.

기린은 가장 높은 곳에 있는 잎을 먹고, 톰슨가젤이나 임팔라 등은 중간 높이의 잎을 먹고, 얼룩말이나 누, 버펄로는 가장 아래 잎을 뜯어 먹는다. 또한 같은 풀이더라도 길고 부드러운 풀을 먹는 종이 있고, 짧고 질긴 풀을 먹는 종이 있다. 이것이 자연이 발견한 세그먼트이다.

: 기존의 세그먼테이션을 뛰어넘어라 :

일반적으로 세그먼테이션이라고 하면 인구 통계적 특성과 지리적 특성 등의 접근법을 사용하는 경우가 많았다. 이밖에 라이프스타일, 충성도 등을 변수 요인으로 사용한다. 한편 기존의 세그먼테이션만으로는 부족하다는 지적도 있다.

'하버드 비즈니스 리뷰'에 실린 'B2C 기법으로 B2B 사업을 신장시킨다.'는 논문에는 새로운 세그먼테이션이 어떻게 탄생했는지 그 과정과 내용이 담겨 있다.

이 논문은 톰슨코퍼레이션(Thomson Corp.)이라는 거대 미디어기업의 사례를 소개한다. 톰슨은 2007년에 로이터통신을 인수 합병한 회사다. 자회사로는 톰슨파이낸셜이라는 금융 관련 회사가 있는데 이 논문에서는 이 자회사의 비즈니스에 대해 언급하고 있다.

회사의 주된 비즈니스는 무역과 펀드 매니징, 금융기관을 위한 정보제공 서비스였다. 그런 톰슨이 B2C(법인용) 사업을 신장시키기 위한 가치를 제안하게 되었다. 여기서 주목할 점은, 톰슨이 기존의 일반적인 세그먼테이션이 아닌 새로운 방법을 시도했다는 사실이다.

금융정보 시장을 분류하면 다음과 같은 세 가지 카테고리로 나뉜다. 하나는 '주식을 사는 기업'이고 다른 둘은 '주식을 매각하는 기업'과 '발행기업'이다. 그러나 이 분류는 너무 광범위하여 유용하게 활용할 수 없다. 그래서 톰슨은 엔드유저(최종 사용자)별 세그먼테이션을 도입했다. 구체적으로 살피면 '주식 어드바이저, 채권 어드바이저, 투자은행가' 등의 8가지 구분이다. 고객 세그먼테이션에는 판매 채널별 분류와 지역별 분류가 많다. 이처럼 엔드유저별로 분류하는 경우는 매우 드물다. 그러나 엔드유저에게 보다 세심한 서비스를 제공하기 위해서는 엔드유저별 세그먼테이션이 가장 적절하게 이용된다.

톰슨이 다음으로 한 것은 엔드유저의 업무 흐름을 이해하는 것이었다. 각 기업별 엔드유저의 상황을 파악하기는 쉽지 않다. 그럼에도 불구하고 톰슨은 엔드유저의 행동을 끈기 있고 철저하게 조사 분석했다. 인터뷰 등을 반복하여 자사의 상품, 즉 정보가 어떤 상황에서 활용되고 있는지 이용 현황을 면밀히 조사한 것이다.

예를 들면 펀드 매니저의 행동도 '조사와 분석, 트레이딩 전, 트레이딩 중'과 같이 여러 상황으로 나눌 수 있다. 각각의 행동에 대해 톰슨은 자사의 정보가 유저들의 요구를 얼마나 만족시키고 있는지 조사했다. 그리고 고객의 경쟁사들의 상황이 어떤지에 대해서도 조사했다.

이런 조사를 통해서 톰슨은 엔드유저들이 매일 어떤 일에 몰두하고 있는지를 파악했다. 이를 바탕으로 어떤 기능과 성능을 가진 상품(정보)을 만들어야 하는지를 도출할 수 있게 되었다. 톰슨은 이런 일련의 흐름을 통해 수익성을 개선했고, 매출 구조를 쇄신하여 장기적인 성장의 토대를 만들었다.

영업 현장에서 기존의 세그먼테이션을 뛰어넘어 톰슨처럼 엔드유저별로 고객을 분류하고 행동별로 분석하는 것은 실로 어려운 작업이다. 그러나 이렇게 어려운 작업을 마다하지 않는 기업이야말로 금맥을 찾아낼 수 있다.

새로운 세그먼테이션은 철저한 조사로 탄생하기도 하지만 우연찮은 기회에 발견되기도 한다. 문제는 누가 이를 기회로 여기고 포착하는가 하는 점이다.

'오츠카제약'의 스테디셀러 상품인 '오로나민C'는 좋은 예이다. 오로나민C는 1965년 출시되어 1972년에는 연간 판매 1억 병을 돌파했다. 지금도 인기 탄산음료로 군림하고 있다.

원래 오로나민C는 건강음료로 개발된 상품이었다. 그런데 우연한 기회에 탄산을 넣어보았더니 맛이 좋아졌고, 결국 탄산음료로 상품화되었다. 그러나 탄산이 첨가되면 의약품 허가가 나지 않는다. 타사의 건강음료는 모두 의약품으로 등록되어 있었기 때문에 경쟁 자체가 불가능한 상황이었다. 보통의 경우라면 낙담하고 끝내버렸을지 모른다. 그러나 오츠카제약은 포기하지 않았다.

대신 오츠카제약은, 의약품이 아니라면 약국과 병원 이외의 곳, 즉 전철역 매점이나 슈퍼, 자동판매기 등에서도 팔 수 있을 것이라고 긍정적으로 판단했다. 그리고 미개척 상권에 영업 공세를 펼쳤고 광고에도 큰 비용을 들였다. 한동안은 효과가 없었지만 수년 뒤

매출이 서서히 늘어나기 시작하더니 곧 스테디셀러 상품으로 자리
를 잡았다.

4장 창판교전투

일대일 경쟁
구도를 만들다

란체스터 법칙 ②

장판교 전투

■ 장비, 10만 대군과 맞서다

조조는 형주와 강남을 공략하기 위해 직접 대군을 이끌고 남하했다. 유표의 뒤를 이은 형주 태수 유종은 겁을 먹은 나머지 조조에게 무릎을 꿇었다. 의지할 곳을 잃은 유비는 곧 조조 군의 날카로운 창칼을 피해 피난민을 이끌고 강릉으로 향했다. 유비 무리의 행군은 더뎠고 조조는 삼백 리 후방까지 추격했다. 조조는 철기 기마대 5천 명을 뽑아 유비를 뒤쫓게 했다. 꼬박 하루를 내달린 조조의 기마대는 깊은 밤 당양현 경산 중턱에서 움막 하나 없이 쉬고 있던 유비 일행을 덮쳤다. 아비규환 속에서 유비는 길을 뚫고 도주에 성공했다. 그러나 남은 군사는 불과 100여 명, 뒤쫓는 조조의 군대는 10만 대군이었다. 이때 장비가 혈혈단신으로 장판교를 가로막았다.

조조의 침입으로 유비는 신야를 포기하고 번성을 지나 강릉으로 향하고 있었다. 유비를 따르는 백성은 수만에 달했고 크고 작은 수레 행렬은 수천에 이르렀다. 짐을 짊어진 무리의 한 걸음은 더디기만 했다. 하루에 걸어간 거리는 고작 십 리. 조조의 대군은 이미 번성에 도달해 한수를 건너려고 배와 뗏목을 구하고 있었다. 따라잡히는 것은 시간문제였다.

유비 일행이 향한 강릉은 형주의 요충지였다. 재물, 식량 모두 풍부하고 인구도 많은 곳이었다. 강릉을 거점으로 조조에 대항하자는 생각은 유비와 공명이 같았다. 백성을 두고 군대만 이끌고 갈 수도 있었다. 그러나 유비는 자신을 따르는 백성을 저버릴 수 없었다.

"무릇 큰일을 하려는 자는 사람을 근간으로 삼아야 하오. 나를 따르는 백성들을 어찌 내칠 수 있겠는가."

반대하던 장수들은 유비의 말에 감동하여 그 말을 따랐다.

그날 유비 일행은 당양현으로 들어서서 경산 중턱에서 야영을 했다. 출발지인 신야와 강릉의 중간 지점이었다. 종일 걸어 노곤했던 일행은 초겨울의 살을 에는 바람을 맞으며 산속에 몸을 뉘었다. 여기저기서 흐느끼던 소리가 잠잠해진 새벽 무렵이었다. 갑자기 말발굽이 일대를 뒤흔들더니 서북쪽에서 군사들의 함성이 들렸다.

조조 군의 기마군단이 들이닥쳤다. 백성들은 화들짝 놀라 사방으로 도망쳤다. 유비는 2천 명가량의 군사를 이끌고 맞섰지만 기마대의 기세에 눌려 제대로 대항도 못해 보고 위기를 맞았다. 그때

:: 장판교전투 ::

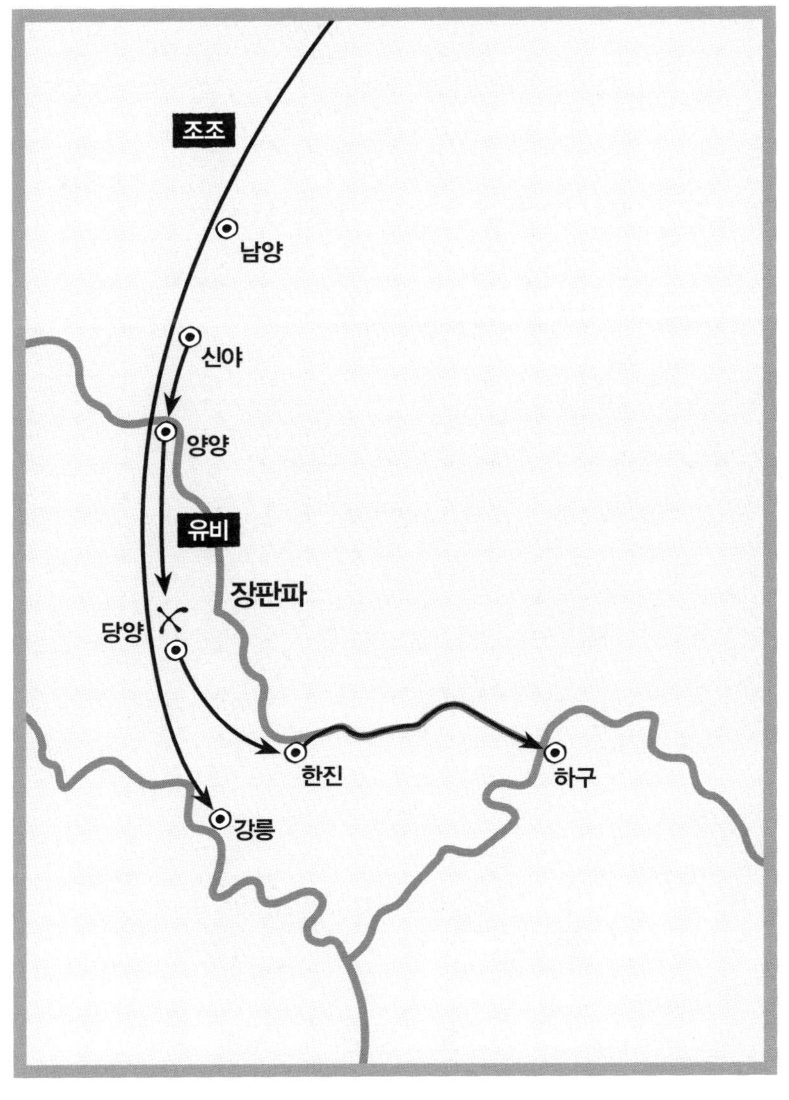

장비가 수하의 군사를 몰고 와 위기에 처한 유비를 구해냈다. 패군 유비는 날이 밝을 때까지 장판파 언덕을 넘어 동쪽으로 계속 달렸다. 일행 모두 장판교를 건너자 장비는 유비를 피신시키고 20여 명을 이끌고 장판교에 섰다. 한 가지 계책을 떠올린 장비는 병사들에게 시켜 말꼬리에 나뭇가지를 달아 숲 속에서 이리저리 내달리도록 했다. 흙먼지를 피워 올려 대군이 매복하고 있는 것처럼 보이게 했다. 그리고 장비는 혈혈단신으로 장판교 위에 섰다.

마침 혼란스러운 싸움터를 겨우 뚫고 나온 조자룡이 유비의 아들 아두를 가슴 아래에 품고 다리를 건넜다. 그와 동시에 다리 서쪽에서 조조 군이 구름떼처럼 몰려들었다.

조조 군이 도착해서 보니, 좁은 다리 위에 말을 타고 있는 장비가 보였다. 손에는 장팔사모를 꼬나들고 있었다. 머리카락은 하늘을 찌를 듯이 추켜서 있었고 노여움에 부릅뜬 눈은 이쪽을 노려보고 있었다. 그리고 동쪽 숲에서는 흙먼지가 피어오르는 것을 보아 아무래도 매복 중인 군대도 있는 듯했다. 조조 군은 잠시 망설였다. 곧이어 장수들과 함께 조조가 도착했다.

장비가 벼락 치듯 외쳤다.

"나는 연나라 사람 장비다. 목숨을 걸고 나와 한번 겨뤄볼 자 어디 없느냐!"

조조는 장비의 기백에 움찔하며 깃발을 거두게 한 뒤 주위를 살폈다.

"장비는 100만 군사를 두려워하지 않고 대적하며 주머니에서 물건을 꺼내듯 적장의 목을 가볍게 치는 장수라고 들었다. 결코 가벼이 여겨서는 안 될 것이다."

이 말이 채 끝나기도 전에 장비가 다시 대갈일성하며 조조 군을 도발했다. 장판교 위에는 살기가 가득 찼다. 조조 군의 장수들은 기가 죽어 손발이 묶인 사람처럼 꼼짝도 못했다. 조조는 이 좁은 다리 위에서 장비와 일대일로 겨루다가는 많은 장수들을 잃게 될지 모른다고 생각했다. 그래서 장판교에서 몇 리 떨어진 곳으로 후퇴를 명령했다.

"적이 물러갔다. 장판교를 무너뜨려라."

장비는 부하들에게 이렇게 명하고 다리를 파괴한 뒤 유비의 뒤를 쫓았다.

: 외나무다리에서 맞서라 :

장비가 홀로 장판교에서 10만 대군과 맞선 것은 삼국지 명장면 가운데 하나이다. 장비는 아군에게는 용감무쌍한 장수요 적군에게는 피로 된 비를 뿌리는 장수라고 알려졌다. 이런 장비가 눈을 부릅뜨자 적군 장수들은 오금이 저려 감히 다리를 건널 엄두를 내지 못했다. 어느 누구라도 그런 상대와 싸우고 싶지는 않을 것이다.

장판교전투를 란체스터 법칙과 비교해 보자. 여기서 주목해야 할 점은 장비의 행동이다. 유비가 도망갈 틈을 벌기 위해 장비는 홀로 다리를 막아섰다. 10만 대군의 기를 꺾은 장비의 용맹한 기백이 두드러져 보인다. 그러나 장비가 조조 군을 물리칠 수 있었던 것은 장판교가 비좁은 다리였다는 점이 크게 작용했다.

넓은 평야에서라면 수많은 장수들이 전후좌우에서 에워싸므로 천하의 장비라도 당해내지 못했을 것이다. 그러나 장판교와 같은 좁은 다리에서라면 한 번에 많은 군사들이 몰려들기 어렵다. 싸울 상대는 많아야 1~2명이다.

아무리 큰 병력이더라도 대적할 적이 1명 혹은 2명이라면 일당백의 능력을 가진 장비가 질 리 없다. 비즈니스 현장에서도 실력에 자신이 있다면 '일대일'로 싸우는 구조를 만들어야 한다. 일대일 전투는 수적 열세를 극복할 수 있는 란체스터 법칙의 응용 전략이다.

: 날카로운 분석력으로 새로운 시장을 찾다 :

비즈니스에서 '일대일'이란 어떤 상황을 말할까? 일대일 시장이란 적이 이미 존재하지만 경쟁자가 적은 일강다약(一强多弱) 구조의 시장을 말한다. 싸울 상대는 1강 단 하나이기 때문에 성공 가능성은 그만큼 커진다. 또한 시장의 일인자가 의외로 전력을 쏟아 붓지 않는 시장이라면 더욱 노려볼 만하다. 당장 일인자를 쓰러뜨리는 일이 불가능하다면 2강 체제를 만드는 것이 중요하다. 그런 뒤 천천히 일인자를 쓰러뜨릴 전략을 세워 실행한다.

그러나 주위를 둘러봐도 일대일 시장은 보이지 않는다. 예를 들어 디지털 카메라나 DVD 시장에서는 전 세계 2강이라고 불리는 캐논과 소니가 1위 자리를 다툰다. 3위 밑으로도 만만한 기업은 없다. 루믹스 시리즈로 인기를 끌고 있는 파나소닉, 일안 리플렉스 카메라로 높은 점유율을 자랑하는 니콘, 그밖에 올림푸스, 카시오, 후지필름 등이 떡하니 버티고 있다.

이렇게 많은 기업이 각축전을 벌이는 것은 그만큼 매력적인 시장이라는 뜻이다. 디지털 카메라의 출하 대수는 수출 물량을 포함하여 984만 대(2006년까지)로, 아날로그 카메라가 한창 잘나가던 시기보다 2배나 많다. 시장은 여전히 성장이 기대된다. 이처럼 강적이 우글우글한 시장에 뛰어드는 것은 마치 화약을 안고 불 속으로 뛰어드는 것처럼 무모한 일이다.

이렇듯 주위를 둘러보면 경쟁이 치열한 시장만 눈에 띈다. 맥주와 청량음료 등의 식품 시장도 그렇고, 액정 TV나 냉장고 등과 같은 가전제품 시장도 피 튀기는 전쟁터를 방불케 한다. 나아가 광고·영화·게임 시장은 늘 활화산처럼 타오른다.

그러나 정말 여지가 없는 것일까?

잘 되는 기업은 시장을 잘게 쪼개면서 틈새를 찾는다. 예컨대 식품시장은 하루도 조용할 날이 없는 격전지라고 할 수 있다. 주류, 청량음료, 스낵과자 등의 분야에서 경쟁사들이 매일 격돌을 벌인다.

그러나 '미츠캉'은 낫토(일본 청국장) 시장을 면밀히 검토한 뒤 이 시장이 일강다약의 구조임을 파악했다. '아지노모토' 역시 마찬가지다. 그들은 마요네즈 시장이 '큐피'의 1강 체제임을 간파하고 시장에 뛰어들어 2강 체제를 만드는 데 성공했다. 식품시장이라는 큰 카테고리에서 보면 거대한 진입장벽이 앞을 가로막고 있는 것처럼 보인다. 그러나 미츠캉이나 아지노모토처럼 카테고리를 좁히면 미세한 틈새가 발견된다.

디램 전문기업인 엘피다메모리도 마찬가지이다. 이 분야의 경쟁 또한 매우 극심했다. 그러나 엘피다메모리는 디램의 한 분야인 휴대전화용 모바일 디램에 주목했고, 곧 최강자 기업인 삼성전자를 뛰어넘었다.

낫토, 마요네즈, 모바일 디램의 도전자들은 모두 장판교 위의 장비처럼 좁은 곳에서 싸움을 걸었다. 대적할 상대는 한 곳뿐이므로 일대일 상황에서 자사의 강점을 발휘하면서 싸운 것이다.

엘피다메모리, 삼성전자를 뛰어넘다

엘피다메모리는 디램 시장을 이끌어가는 기업이다. 디램은 반도체 메모리의 일종인데 컴퓨터 이외에 서버와 휴대전화 등에 쓰인다. 2007년도 세계 점유율 1위는 삼성전자였다. 유럽과 일본의 맹추격에도 아랑곳하지 않고 1위 자리를 굳건히 지켰다.

엘피다메모리는 1999년에 NEC와 히타치 제작소의 디램 사업부가 분리되어 통합 설립된 회사다. 1980년대 말까지 일본은 전 세계 디램 출하액의 70% 이상을 점유하고 있었지만 그 후 점유율이 급속히 하락, 삼성전자에게 1위 자리를 내주고 말았다.

일본 제조업체는 1998년에 후지츠가 디램 시장에서 철수했고, 그 후 산요전기와 도시바가 잇달아 철수했다. 엘피다메모리는 디램 시장에 남은 유일한 일본 제조업체가 되었다. 혼자 남은 엘피다메모리의 상황도 갈수록 악화되었다. 설립 당시 18%에 이르던 시장 점유율은 2002년 6%까지 떨어졌다. 기술 부문에서 본사와의 연계가 효율적이지 않았다는 지적 때문에 사원들의 사기가 바닥으로 떨어져 있었다. 생산 설비 중 일부가 폐쇄될지도 모른다는 소문이 떠돌았다.

그런데 2002년 한 미국 기업의 수주를 놓고 삼성전자와 경쟁을 벌인 일이 있었다. 미국 기업은 휴대전화에 디램을 내장한 프로세서를 개발할 예정이었다. 휴대전화용 디램 분야에서 높은 기술력을 보유한 엘피다메모리가 도전장을 내밀었다. 당시 엘피다메모리는 해외에서 인지도가 낮았기 때문에 초기에는 상대도 해주지 않았다고 한다. 포기하지 않고 계속 찾아간 끝에 몇 차례 협상까지 이끌어낼 수 있었다. 그러나 경쟁사는 업계 최강자인 삼성전자였다. 엘피다메모리가 발주를 따낼 확률은 희박해 보였다.

같은 해 2월 엘피다메모리의 경영진이 교체되면서 새로운 경영방침이 떨어졌다. 휴대전화와 가전제품용 디램 부문에 주력하자는 내용이었다.

디램의 용도는 컴퓨터와 휴대전화, 가정용 전자제품 등 그 활용 폭이 넓다. 삼성전자가 독무대로 삼고 있는 컴퓨터용 제품을 피해 그 밖의 분야에 모든 역량을 쏟아 붓겠다는 방침이었다. 당시 휴대전화용 디램을 사업 분야로 육성하려고 했던 곳은 엘피다메모리와 최강자인 삼성전자 2곳뿐이었다. 이로써 싸움은 일대일 구조가 되었다.

미국 기업에 휴대전화용 디램 영업을 시작한 지 여러 달이 지났을 때였다. 하루는 미국으로부터 전화가 왔다. 프로세서에 탑재할 디램을 엘피다메모리 제품으로 하고 싶다는 내용이었다. 엘피다메모리의 어떤 점이 삼성전자 제품보다 뛰어났을까? 계약을 따낸 일등공신은 바로 칩의 크기였다. 엘피다메모리의 제품이 삼성보다 작았다. 작은 크기 덕에 높은 점수를 얻어 일대일 대결에서 승리를 거두었다.

엘피다메모리는 모바일 기기 시장에 주력하기로 경영방침을 조정하고 타사보다 발 빠르게 제품 기획 및 개발을 추진했다. 그 결과 일본 시장뿐 아니라 유럽, 미국은 물론 아시아를 포함한 전 세계 주요 기업에서 엘피다메모리의 디램을 채택하기에 이르렀다.

휴대전화용 디램에서 약 60%의 점유율을 기록, 엘피다메모리는 이 분야에서 세계 1위 자리를 차지했다. 디램 시장 전체로 보면 최강자인 삼성전자 외에 마이크론 등이 치열한 경합을 벌이고 있다. 그러나 휴대전화용 디램으로 분야를 좁히면 경쟁자는 삼성전자뿐이다. 자사의 기술이 강자보다 뛰어나다면 충분히 일대일로 싸워 이길 수 있다는 점을 엘피다메모리는 입증했다.

이후에도 디램 개발에 역량을 쏟은 끝에 2009년 11월 세계에서 가장 작고, 세계에서 가장 전기 소비량이 적고, 세계에서 가장 빠르게 작동하는 1.2V 저전압 칩을 개발하는 데 성공했다. 이런 노력에 힘입어 2009년 말 엘피다메모리는 디램 전체 시장 점유율을 19.4%까지 끌어올리며 디램 시장의 2인자인 하이닉스를 턱밑까지 추격했다.

일강다약 시장에 뛰어든 미츠캉

2000년 일본의 낫토 시장에 이변이 일어났다. 당시까지 낫토 시장은 타카노푸드의 '오카메 낫토' 시리즈가 점유율 25%로 1위를 지키고 있었다. 2위 밑으로는 아사히마츠식품, 아즈마식품, 구메퀄리티프로덕트 외에 약 700여 중소기업이 난립했다. 전형적인 일강다약 구조의 시장이었다. 이런 시장에 진출한 기업이 바로 식용식초 시장 점유율 1위를 자랑하는 미츠캉푸드였다.

2000년 9월 미츠캉은 일본 전역에 일제히 '황금콩 냄새 없는 낫토'를 출시하여 대히트를 쳤다. 2002년 3월에는 특수 건강식품 '황금콩 뼈 튼튼'을 출시했다. 2000년 2월 8.1%에 불과하던 시장 점유율은 2001년 5월 14.6%까지 신장했다. 단숨에 업계 1위 자리에 오른 것이다.

그리고 낫토 시장에 일대 혁신을 가져온 '냄새 없는 낫토'를 출시하기에 이른다. 냄새 없는 낫토가 등장하기 전까지 낫토라는 상품에는 개성이 없었다. 크기와 내용물이 고만고만하여 구입할 때도 그 차이를 알 수 없을 정도였다. 그러다 보니 고객들로서는 당일 할인 제품을 구입하는 경향이 강했다.

미츠캉은 '누구나 먹을 수 있는 낫토'를 테마로 개발을 추진했다. 낫토에는 독특한 냄새가 있는데 이 때문에 못 먹는 사람이 많았다. 냄새가 없는 낫토를 개발하면 낫토를 싫어하던 사람도 먹을 수 있을 것이라는 아이디어가 이 사업의 출발점이었다.

'냄새 없는 낫토'가 출시되기 전에도 '냄새 적은 낫토'를 시장에 내놓은 기업이 있었다. 당시 낫토 고유의 향은 암모니아 때문에 발생한다고 생각해 기획된 제품이었다. 그러나 실제로는 암모니아 때문이 아니었다. '냄새 적은 낫토'는 실패하고 말았다.

그 후 냄새의 원인은 저급 분지지방산(Branched Fatty Acid) 때문이라는 사실이 밝혀졌다. 미츠캉은 지방산을 억제하는 균을 찾는 데 몰두했다. 그 균만 찾아낸다면 냄새 없는 낫토를 만들 수 있기 때문이다. 식초 양조를 통해 쌓은 미생물 배양 노하우가 미츠캉의 강점이었다. 그리고 꾸준한 노력의 결과 '냄새 없는 낫토'의 기본이 되는 낫토균을 발견했다.

'냄새 없는 낫토'를 구입하는 고객 중에는 낫토를 좋아하지만 먹지 않았던 고객들도 다수 포함되어 있었다. 먹고 난 뒤 냄새가 신경 쓰여서 가급적 입에 대지 않던 사람들이었다. 미츠캉이 강력한 무기로 삼은 마케팅 기법은 '식탁 제안'이었다. TV 광고뿐 아니라 슈퍼 등에서 시식행사를 열어 낫토를 곁들인 참치 회나 무침요리 등의 새로운 레시피를 선보였다. 공격적인 TV광고도 효과를 발휘해 출시와 동시에 점유율 1위로 껑충 뛰어올랐다. 그리고 양념소스에 계란 노른자를 넣은 '황금 콩 부드러운 계란이 들어간 간장소스' 등을 발표했다. 이렇게 하여 낫토시장에서 다카노푸드, 미츠캉

그룹이라는 2강 구도가 구축되었다.

2008년 9월에는 작은 필름 용지에 담긴 액체 소스를 젤리형태로 개발하여 '황금 콩 우와 간편! 냄새 없는 낫토' 시리즈를 선보였다. 이 제품은 출시 2개월 만에 시리즈 합계 6천만 개 이상이 판매되었고 목표 대비 약 220%의 성장을 기록했다.

미츠캉이 낫토 시장에서 성공한 것은 시장 경쟁이 치열하지 않았던 이유가 크다. 상품 종류도 획일적이어서 차별화가 쉬웠다. 진입하기 딱 좋은 조건들이 구비되어 있었던 것이다.

위대한 회사의 4가지 원칙 : 조고각하(照顧脚下)

미츠캉은 1804년 에도시대에 설립된 회사다. 양조장을 창업한 초대 나카노 마타자에몬이 술지게미 식초 제조에 성공한 것이 시초였다. 1960년경에는 식초 시장에서 1위가 되었지만 식초 매출은 점점 떨어졌다. 그러나 1964년에 미츠캉은 식초 제조 노하우를 응용한 신제품 '아지퐁'을 시장에 내놓았다. 1979년에는 쌀 등을 원료로 만든 미림풍 조미료인 '혼테리'를 출시해 다각화에 나섰다. 그리고 1990년대에 들어 다각화를 위해 시장을 조사하던 중에 발견한 틈새시장이 낫토였다.

미츠캉의 다각화 기법에서는 우량기업이 공통으로 갖고 있는 원칙을 엿볼 수 있다. '하버드 비즈니스 리뷰'에 실린 '위대한 기업 : 성장지향 경영'이라는 논문은 성장전략에 관한 내용을 담고 있다.

논문에서는 '위대한 기업'의 조건으로 100년 기업, 지금도 성장 중인 기업을 꼽았다. '포춘 글로벌 500'에 이름을 올린 다국적 유럽 기업인 독일 지멘스, 알리안츠, 핀란드의 노키아, 로열 더치 셸 등 9개의 회사가 위대한 기업에 선정되었다.

'위대한 기업'에 꼽힌 회사들은 공통적으로 기업의 지속적인 성장을 위한 적절한 전략을 갖고 있다. 이 논문에서는 다음과 같은 네 가지 원칙을 꼽고 있다.

❶ 기존의 자산을 활용하라
❷ 다각화를 추진하라
❸ 과거의 실수를 잊지 말라
❹ 개혁은 신중하게 하라

1번과 2번은 떼려야 뗄 수 없는 관계이다. 어떤 기업이든 기존의 경영자원 중에 더 활용할 여지가 있는 것들이 있다. 또 비즈니스 다각화는 어렵고 힘든 혁신을 통해서만 이루어지는 것이 아니라 자사의 유용한 경영자원을 정밀하게 조사한 뒤 이를 바탕으로 추진해야 한다.

미츠캉은 다각화를 추진하는 데 있어서 기존의 노하우를 응용한 성공사례를 많이 갖고 있다. 젖산균을 비롯해 균에 대한 연구를 꾸준히 계속해 온 연구성과가 '냄새 없는 낫토'로 이어졌다. 오랫동안 축적된 연구 성과야말로 훌륭한 자산이라고 할 수 있다. 또 '매실 맛 흑초 소스'와 '현미흑초' 등은 기존 제품인 흑초의 노하우를 응용한 제품들이다.

2번 '다각화를 추진하라.'라는 원칙에는 추가항목이 덧붙는다. 마이클 포터는 '경쟁우위의 법칙'에서 '전체적인 전략에서 보면 잘못된 다각화는 성과를 떨어뜨린다.'고 말한다. 이를 '문어발식 운영기업 디스카운트'라고 한다.

예전 미국 기업들은 업종을 무시한 채 다각화를 추진하여 실패한 경험이 있다. 이 논문에서는 비즈니스 다각화란 안이하게 추진하는 것이 아니라 인접분야에 진출해야 함을 강조하며, 규모를 키우기 위한 다각화를 부정한다. 그런 점에서 미츠캉이 오랫동안 쌓아온 기술력을 효과적으로 응용한 전략은 높이 평가할 만하다.

3번, 4번 원칙은 너무나도 당연한 교훈이다.

미츠캉의 기업이념 중에 '조고각하(照顧脚下)의 기본 아래 늘 반성하고 꼼꼼히 살피자'라는 말이 있다. 자신이 서 있는 곳이 어디인지 늘 살펴보고 스스로 반성하는 자세를 갖추어야 한다는 의미다. 미츠캉은 맥주와 우유 등 낯선 분야에 진출했다가 철수했던 기억이 있다. 미츠캉은 이 뼈아픈 실패를 바탕으로 신중하게 다각화를 추진했다. 그야말로 논문에서 말한 '위대한 기업'이 아닐 수 없다.

Keyword

마이클 포터의 '5가지 경쟁요인(five forces)'

신규 시장으로 진입할 때 도움이 될 만한 이론 한 가지를 소개한다. 새로운 시장으로의 진출을 위해서는 산업구조의 면밀한 분석이 선행되어야 한다. 그 분석 방법 중 하나로 마이클 포터의 '5가지 경쟁요인'이 있다.

5가지 경쟁요인이란, 장기적인 수익성은 해당 산업계를 지배하는 다섯 가지 요인으로 결정된다는 이론이다. ① 신규 시장참여자에 의한 위협, ② 공급자의 협상능력, ③ 고객의 협상능력, ④ 대체품과 대체 서비스에 의한 위협, ⑤ 기존 기업 간의 포지션 다툼이다.

이 다섯 가지 요소를 깊이 이해하면 새로운 시장으로 진입할 때 도움을 받을 수 있다. 경쟁이 벌어지는 원인을 명확히 파악하면 어떤 방법으로 대응해야 할지 감을 잡을 수 있을 것이다. 5가지 요인은 대략 다음과 같다.

① 신규 시장참여자에 의한 위협

만일 어느 산업에 진입장벽이 거의 없어서 누구나 뛰어들 수 있다고 하자. 그러면 지금은 적이 없더라도 시장 규모가 커지고

:: 마이클 포터의 5가지 경쟁요인 ::

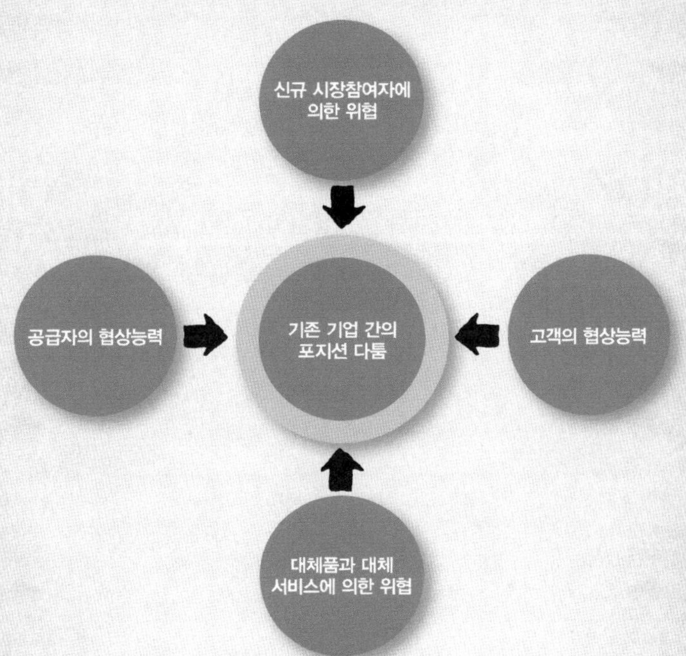

산업 내 경쟁을 지배하는 다섯 가지 요인. 마이클 포터의 '5가지 경쟁요인'이라고 불린다.

수익이 나면 라이벌이 급증할 것이다. 그 결과 상품 가격은 내려가고 수익성은 떨어진다.

② 공급자의 협상능력

부품 제조업체 등 원자재를 공급하는 회사가 '공급자'인데 이 공급자의 영향력이 강해서 자주 가격이 오르게 되면 위협이 된다.

③ 고객의 협상능력

고객 수가 적거나 대량구매를 하는 소수의 고객을 갖고 있을 때 위협적인 상황이 일어나기 쉽다. 가격할인 요구에 대처하기 어려울 것이며 납품 기일도 빠듯하게 요구할 수 있기 때문이다.

④ 대체품과 대체 서비스에 의한 위협

대체품 및 대체 서비스가 등장하면 그 산업의 수익성이 떨어진다. 과거 휴대용 음악재생기 시장은 CD플레이어가 주류였지만 아이팟의 등장과 함께 CD 시장은 쇠락해 갔다. 비록 시장점유율 1위를 차지하는 기업이라도 대체품의 등장에는 늘 신경을 쓰지 않을 수 없다.

⑤ 기존 기업 간의 포지션 다툼

적도 모르고 나도 모른 채 싸운다면 절대로 이길 수 없다. 경쟁업체의 움직임에 따라 자사의 입지가 달라진다.

5장 적벽대전
카멜레온은
한 걸음마다
색깔을 바꾼다
현지화(Localization) 전략

적벽대전

적벽에 바람이 불다

유비는 조조 군의 추격을 따돌리고 하구성에 입성했다. 강하 태수 유기가 그를 영접했으며 관우, 공명과도 재회했다. 한편 조조는 유비가 목표로 삼았던 강릉을 빼앗은 뒤 형주의 군마와 수군을 정돈하고 훈련을 강화하는 등 일전을 준비했다. 조조는 동쪽에 있는 오나라 손권을 속전속결로 없애고자 했다. 손권 진영은 항복할 것인가 항전할 것인가를 두고 의견이 분분했다. 그러나 노숙의 노력으로 유비와 동맹을 맺고 맞서 싸우기로 결정했다. 오나라 군대의 대장인 주유는 노숙이 초청한 공명과 함께 기세등등한 조조 군과 대치했다. 적벽대전이 임박해왔다.

그리고 그렇게도 학수고대하던 바람이 적벽에 불어왔다.

조조는 오나라 군 내부에 은밀히 회유의 손길을 뻗는 동시에 선단을 조직해 훈련을 하고 있었다. 장강 남쪽 어귀로 진군할 틈을 엿보고 있었던 것이다. 그때 남쪽에서 한 척의 배가 도착했다. 오나라 장수인 황개가 보낸 밀사였다.

'경비가 삼엄하여 빠져나오기가 어려웠습니다. 후방에서 식량 운반대열이 도착하여 제가 운송과 경계를 맡게 되었습니다. 이를 기회로 부대를 이끌고 승상께 투항하려 합니다. 오늘 밤 뱃머리에 청룡어금니 깃발을 꽂은 식량 운반선을 타고 오겠습니다.'

황개의 밀서에는 이렇게 적혀 있었다. '옳지!' 조조는 손뼉을 쳤다. 밤늦은 시각, 조조는 장수들을 불러 모아 함께 큰 배에 올라탔다. 황개의 선단을 맞이하기 위해서였다. 달빛이 비추는 밤이었다. 장강의 수면 위로 잔물결이 일었다. 멀리서 20척 가량의 선단이 조조 군 진영으로 다가오고 있었다. 뱃머리에는 저마다 청룡기가 펄럭이고 있었다. 황개는 선단 세 번째 배에 타고 있었는데 배에는 선봉장 황개라고 큰 글씨로 써넣은 깃발이 달려 있었다. 식량 운반책을 맡은 황개가 투항하면 전선의 저울추는 급격히 조조 쪽으로 기울 것이 뻔했다.

그때 선단의 근접을 가만히 지켜보던 조조 군의 정욱이 안색을 바꾸며 조조 앞으로 나섰다.

"승상! 저 배에 다가가서는 안 됩니다. 황개가 투항한다는 건 거짓입니다."

:: 적벽대전 ::

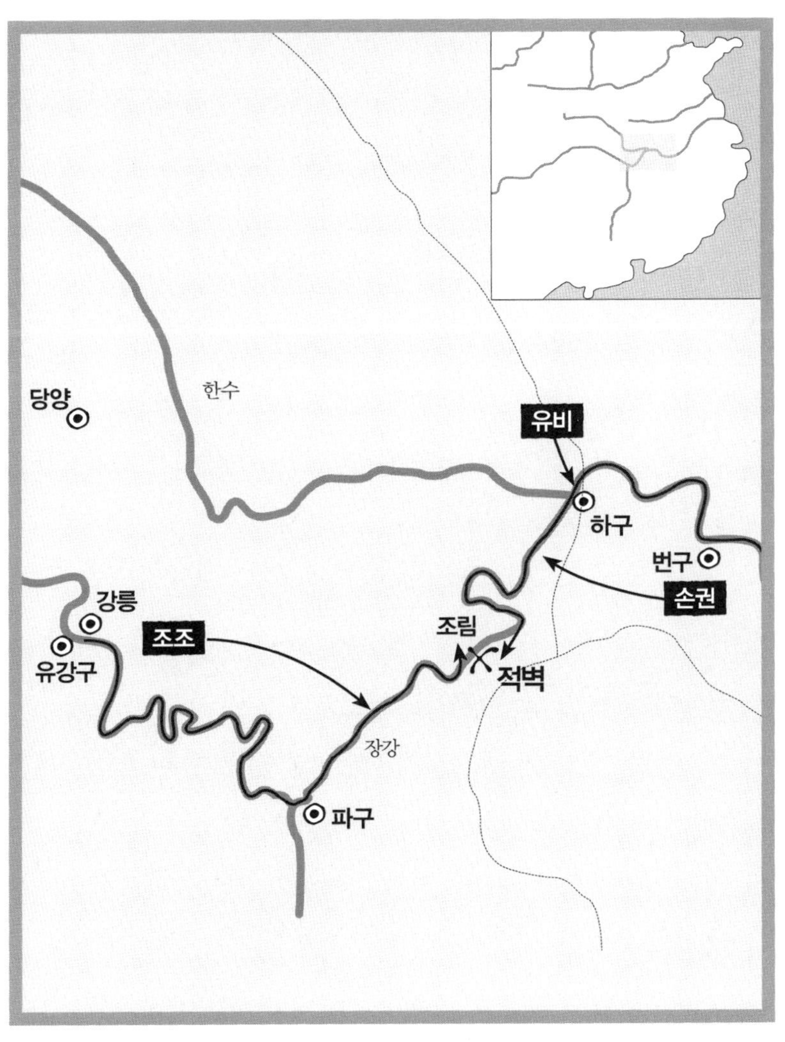

"왜 그리 생각하느냐?"

"배에 식량을 싣고 온다면 짐의 무게 때문에 선체가 저렇게 가볍게 떠 있을 수가 없습니다. 더구나 속도 역시 이렇게 빠를 수는 없습니다. 지금 동남풍이 거세게 불고 있습니다. 만일 적군이 화계로 공격해 온다면 우리 군은 꼼짝없이 당할 수밖에 없습니다."

위기를 감지한 조조는 즉시 "황개를 저지하라." 하고 외쳤다. 형주에서 항복했던 장수 문빙이 즉시 배에 올라타 부대를 이끌고 다가가 황개의 선단에 멈추라고 큰 소리로 외쳤다. 그러자 갑자기 활시위가 당겨지는 소리가 들리더니 황개의 선단에서 화살이 분수처럼 솟구쳤다. 문빙은 왼쪽 팔꿈치를 맞고 쓰러졌다. 문빙의 선단은 큰 혼란 속을 간신히 빠져나왔다.

황개의 선단은 조조 진영 2리 앞까지 다가와 배를 멈추었다. 황개가 칼을 하늘 높이 치켜들자 전방에 늘어선 배들이 불을 뿜으며 조조의 대선단으로 돌진해왔다. 불붙은 배들은 강풍을 타고 쏜살처럼 전진했고, 불길은 하늘마저 태워버릴 듯 뜨거운 기세로 활활 타올랐다. 20척의 화선들은 모두 조조 선단에 부딪혔고 배라는 배에는 모두 불이 옮겨 붙었다. 불길은 거센 동남풍을 타고 재빠르게 번져갔다.

저 멀리 오나라 진영에서 화포 소리가 울려 퍼지자 또 다시 불길에 휩싸인 배들이 빠른 속도로 진격해 왔다. 육상에 있던 조조 군역시 불바다 앞에서 우왕좌왕했다. 조조는 망연자실 넋을 잃고 불의 춤을 바라보고 있었다. 조조 군의 장료가 간신히 작은 배 한 척을 끌고 와 조조를 옮겨 태웠다. 이미 조조의 배도 불길에 휩싸여 있었다. 장강은 붉은 빛으로 물든 채 넘실거렸다.

황개는 배를 빨리 몰게 하여 조조가 탄 작은 배에 다가갔다.

"역적 조조는 각오하라. 황개가 여기 있느니라."

그때 장료가 황개를 겨냥하여 화살을 날렸다. 어깨에 화살을 맞은 황개는 허공을 가르며 강으로 풍덩 빠졌다. 황개는 아군인 한당에게 구조되었다.

이날 조조 선단은 궤멸적인 타격을 입었다. 간신히 육지에 오른 조조는 장료와 기마병 100여 명의 엄호를 받으며 퇴각했다.

: 전쟁터가 바뀌면 전략도 바꾸어야 한다 :

적벽대전은 조조에 대항해 오나라의 손권 진영과 유비 군이 연합하여 승리를 거둔 전쟁이었다. 병력 수로는 절대적으로 불리했던 오나라가 적벽에서 이긴 이유는 말할 것도 없이 회유에 넘어간 척 역공을 가한 계획과 치밀한 전술에 있었다.

전략의 중심은 '화계(火計)'였다. 당시 배들은 나무로 만들었기 때문에 불 공격에 약했다. 만일 오나라 군이 아무런 계획 없이 무작정 화계 전략을 썼다면 승부는 어떻게 되었을지 모를 일이다. 효과적인 전략이라도 주도면밀한 계획 없이는 성공에 이를 수 없는 법이다.

오나라 군의 승리는 때마침 불어왔던 바람과, 조조 선단이 화선의 접근을 쉽게 허용했던 것이 결정타였다. 주유와 공명은 장강과 적벽의 특성을 꿰뚫고 있었다. 전쟁에 임할 때는 싸우는 곳이 어떤 곳인지 이해하는 것이 중요하다.

적벽은 장강의 동쪽 해안에 있다. 중국의 강은 폭이 매우 넓고 유유히 흘러가는데 종종 바다처럼 큰 파도가 치기도 한다. 조조의 대선단은 그 적벽의 오림(烏林)이 건너다보이는 해안가에 진을 치고 있었다. 당연히 오나라 군의 화공을 염두에 두고 있었다. 그러나 이 지역에서는 겨울에 동남풍이 불 리가 없다고 생각했다. 만일 오나라 군이 불 공격을 감행한다면 북풍 탓에 오히려 스스로 타버리고 말 것이라고 오판했다.

한편 공명은 그 지역의 특성을 잘 알고 있었다. '삼국지연의'에서는 공명이 산에 올라 칠성단에 기도를 올리자 동남풍이 불기 시작했다고 적고 있지만 이는 허황된 얘기다. 공명은 겨울에 가끔 동남풍이 분다는 사실을 사전에 알고 있었다.

화공은 바람의 방향에 큰 영향을 받는다. 바람의 방향이 바뀌기만을 기다리던 오나라 군은 동남풍이 불자 일제히 화공에 나섰다. 황개는 배에 건초와 마른 풀을 싣고 배 밑에는 화약을 깔아 불길이 확실히 타오를 수 있도록 조치했다. 상황에 따른 변수는 얼마든지 벌어질 수 있다. 그러나 장강에 동남풍이 불어왔을 때는 이미 승패는 갈린 것이나 다름없었다.

비즈니스에서도 현지의 특성을 파악하는 일은 중요하다. 최근 세계화(Globalization)가 이루어지고 있는 가운데 각 기업은 국내뿐 아니라 유럽, 미국, 나아가서는 브릭스(BRICs) 등의 신흥국으로도 진출하고 있다. 또한 사우디아라비아, 아랍에미리트(UAE) 등 중동과 남아프리카 등지에도 주목하고 있다. 그 어느 때보다 해당 지역에 대한 이해가 중요해졌다.

제너럴일렉트릭(GE)의 CEO인 제프리 이멜트(Jeffrey R. Immelt)는 이렇게 말했다.

"지역 전문가가 글로벌 전략의 열쇠를 쥐고 있다."

글로벌 비즈니스 활동에서 가장 중요한 것은 새로운 시장에 진출할 때 현지 기업과 동일한 관점에서 전략을 수립해야 한다는 사실이다.

뒤에서 소개할 델컴퓨터(Dell computer)는 중국에 상륙하면서 기존의 비즈니스 모델을 변경했다. 그 결과 중국에서 가장 빠른 속도로 성장하는 컴퓨터 제조업체가 되었다. 이후 실적이 떨어지기는 했지만 델의 사례에는 참고할 만한 내용이 많다.

규모의 크고 작음을 떠나 기업은 과거의 성공사례가 있으면 그때 실천했던 방법을 모든 상황에 적용시키려는 경향이 있다. 이런 습성이 실패를 초래한다. 시장의 지역성과 독자적인 특성을 무시하고, 예전의 방법을 고집해서는 성공에 이를 수 없다. 예를 들어 국가에 따라 사용해서는 안 될 원자재가 있고, 꼭 지켜야 할 관습이 존재한다. 그럼에도 현지의 관습을 소홀히 여긴다. 그 결과 해당 지역의 고객으로부터 외면당하고 만다.

파리 디즈니랜드, 술을 팔기 시작하다

디즈니랜드 테마파크인 '유로 디즈니랜드(현재의 파리 디즈니랜드)'가 유럽에 개장한 것은 1991년이었다. 이곳은 전 세계에서 네 번째로 지어진 디즈니 테마파크로, 유럽에서는 처음으로 문을 열었다. 파리 디즈니랜드가 개장하기 전에는 미국 캘리포니아 주와 플로리다 주, 그리고 1983년에 라이선스 방식으로 개장한 도쿄 디즈니랜드가 있었다. 세 곳 모두 성공적으로 운영되고 있었다.

반면 파리 디즈니랜드는 개장 전부터 성공하지 못할 것이라는 견해가 다수를 차지했다. '문화적 마찰'이 이유로 꼽혔다. 미국과 프랑스는 문화적으로 차이가 크다. 예를 들면 디즈니랜드 내에서는 술을 마실 수 없다. 이는 어린이의 세계인 디즈니랜드에서 전통적으로 지켜왔던 원칙이었다. 파리 디즈니랜드도 미국 방식을 채택해 음주를 금했다. 그러나 프랑스에서는 점심식사 때 와인과 맥주를 마시는 것이 문화로 정착되어 있다. 프랑스인에게 점심식사에 곁들이는 와인 한 잔은 너무나 당연한 일상이다. 또 프랑스인들은 미국 문화에 대해 반감을 품고 있었다. '대량소비문화'로 대표되는 아메리카니즘이 유럽 문화를 짓밟을지 모른다고 여기는 프랑스인도 있었다.

우여곡절 끝에 파리 디즈니랜드가 개장되었다. 그러나 입장객 수가 예상치를 훨씬 밑돌았다. 특히 프랑스인들의 외면이 심했다. 첫 해는 적자였다. 개장 2년째인 3분기에도 연결 순손실이 약 53억 프랑을 기록했는데 이는 2분기의 2배에 달하는 규모였다. 주가가 곤두박질을 쳐 파리 디즈니랜드 주식거래가 일시 정지되기도 했다. 이대로 가다가는 문을 닫을 수밖에 없는 상황이었다.

뜻밖의 상황에 직면한 파리 디즈니랜드는 로마에서는 로마의 법을 따라야 함을 깨달았다. 사태를 타개하기 위해 긴급대책을 마련했다. 그 중 한 가지로 개장 이듬해부터 음주를 허용했다. 그래서 32곳의 레스토랑 중 5곳의 고급 레스토랑에서 와인과 맥주, 샴페인을 판매했다. 단 술만 따로 팔 수는 없고 식사를 할 때만 곁들일 수 있다는 조건이 붙었다. 전 세계 네 곳의 디즈니랜드 중에서 술을 마실 수 있게 된 곳은 파리 디즈니랜드가 처음이었다. 전통을 깬 조치였다.

또 파리 디즈니랜드는 프랑스 현지인을 경영자로 영입하고 학생과 고령자들의 단체 할인제도를 도입했다. 직접 판매하고 있던 입장권도 여행 대리점 등의 중간업자들을 통해 구매할 수 있도록 판매 방식을 변경했다. 대리점 수수료는 8%에서 10%로 올렸다. 그 밖에 개장 초에 1만 2천 명에 달하던 직원을 9천 명으로 줄였다.

이뿐이 아니다. 입장료가 비싸다는 고객의 의견에 따라 1993년 2월부터 약 20%의 가격인하를 실시했다. 성인요금은 225프랑(약 5만 원)에서 175프랑(약 35,000원)으로, 어린이 요금도 150프랑(약

30,000원)에서 125프랑(약 25,000원)으로 내렸다. 또 호텔 요금과 레스토랑 요금도 인하했다.

입장객 수는 순조롭게 늘었다. 처음으로 입장객 수가 전년 동기 대비 증가한 것은 1994년 4분기였다. 그 후에도 입장객 수가 점점 늘어나 2001년 1월에는 개장한 지 8년 9개월 만에 1억 명을 돌파했다. 1992년 개장 이후 9개월 연속 적자를 기록했지만 1995년 4분기에는 입장객 수에서 최고 기록을 세우고 처음으로 연간 흑자를 기록했다.

전 세계적으로 사랑을 받고 있는 디즈니랜드라 하더라도 프랑스처럼 자국 문화에 대한 애착이 강한 나라에서는 어려움을 겪을 수 있다. 자사 브랜드의 특징을 고수하는 것도 중요하지만 현지의 취향과 문화, 생활습관을 이해함으로써 마찰을 줄여야 한다. 파리 디즈니랜드의 사례는 지역 문화를 이해하는 것이 얼마나 중요한지 여실히 보여준다.

월마트, 바퀴벌레를 빼다

체인점 영업을 하는 소매업과 외식산업을 관찰해보면 지역 특성을 이해하는 것이 얼마나 중요한지 알 수 있다. 맥도날드와 월마트 같은 대부분의 거대기업은 오래 전부터 철저한 표준화를 고수해왔다. 이 기업들은 모든 지역에서 일률적인 규칙을 적용함으로써 효율을 높였다.

그러나 '하버드 비즈니스 리뷰'에 실린 '탈 표준화 마켓 전략'에서는 월마트조차 자사의 규칙을 바꿔야 했던 사례를 제시한다. 철저한 표준화 노선을 고집하던 월마트는 지역 맞춤 전략으로 급선회하였다.

예컨대 월마트에서는 똑같은 개미·바퀴벌레용 살충제를 서로 다른 이름으로 판매하고 있다. 지역에 맞게 제품명을 변경하여 매출을 늘린 전략이었다. 월마트는 미국 시장조사를 통해 북부보다 남부에서 살충제가 더 잘 팔린다는 사실을 파악했다. 원인을 추적한 결과, 북부의 소비자들은 '바퀴벌레'라는 명칭을 혐오한다는 사실을 알게 되었다. 그래서 '개미용 살충제'로 이름을 바꿔 북부에 출시했더니 매출이 비약적으로 신장했다.

지역 시장을 조사하여 비즈니스를 전개하는 형태를 현지화(Localization)라고 한다. 지역에 진출할 때 현지화 전략을 얼마나 잘 구사하느냐에 따라 비즈니스의 성패가 좌우된다. 현지화는 세계화(Globalization)의 상대 개념으로 대개 그 대상이 되는 지역을 넓게 잡는다. 예컨대 한 국가를 동서로 양분하는 식이다.

그러나 월마트는 지역을 더욱 세분화하여 현지화를 실행했다. 현지화전략에서는 범위를 축소하는 것이 중요하다. 지역 마케팅(area marketing)이라는 말도 쓰이는데, 이를 지역에 따라 선전 문구를 바꾸거나 가격을 조정하는 정도에서 그치는 것으로 이해하는 기업도 많다. 컵라면 등의 식품도 지역에 따라 맛에 차이를 두어야 한다. 그러나 고작해야 해당 국가를 동서와 같이 두 곳으로 구분하는 정도라면 지역 마케팅을 실시하는 의미가 퇴색하기 마련이다.

반면 월마트는 해당 지역에 사는 사람들의 기호를 철저히 분석하여 맞춤 상품을 진열하고 있다. 조림 요리인 칠리콘칸은 미국 내 인기 상품으로 지역에 따라 맛이 다르다. 미국은 다양한 인종들이 모여 사는 곳으로, 예컨대 히스패닉계 사람들은 매운 맛을 좋아하고 특정 향신료를 선호하는 등 기호가 천차만별이다. 이런 수요를 반영하여 월마트에서는 60가지의 칠리콘칸을 제공한다. 이 가운데 미국 전역에서 동일하게 판매하는 종류는 오직 세 가지뿐이다. 지역 주민들의 입에 맞지 않는 제품을 아무리 많이 진열해도 파리만 날릴 뿐임을 잘 알기 때문이다.

델컴퓨터는 어떻게 만리장성을 넘었나

컴퓨터 제조업체인 델컴퓨터는 2001년에 전 세계 컴퓨터 시장 점유율 1위에 올랐다. 1984년 창업한 뒤 약 17년 만에 달성한 쾌거였다.

델컴퓨터가 중국 시장에 진출한 것은 1998년이었다. 그 후 중국 내에 거점을 늘리고 중국에서 가장 성장 속도가 빠른 컴퓨터 제조업체로 자리를 잡았다. 델컴퓨터는 독자적인 비즈니스 모델을 고수한 기업이었다. 하지만 중국 시장에서만큼은 독자적인 비즈니스 모델을 버렸다. 델컴퓨터의 비즈니스 모델은 도요타의 '간판방식'과 비슷하다.

'재고를 보유하지 않는다.'

'고객이 원하는 저렴한 가격에 판매한다.'

이를 만족시킬 수 있었던 이유는 바로 독자적인 비즈니스 모델인 'BTO(Build To Order)' 방식 덕분이었다. BTO란 주문을 받고 나서 제품을 생산하는 방식이다. 간판방식과 마찬가지로 재고를 보유하지 않는다는 점이 가장 큰 이점이다. 또 고객은 다양한 기능 가운데 자신에게 필요한 것만 골라 주문할 수 있다는 점에서 편리하기도 하다.

예를 들어 타사에서 출시하는 컴퓨터에는 처음부터 애플리케이션 소프트웨어가 설치되어 있다. 하지만 그중에는 고객에게 불필요한 것도 포함되어 있다. 델컴퓨터는 이런 점에 착안, 고객이 필요로 하는 소프트웨어와 주변기기만 담아서 컴퓨터를 조립했다. 불필요한 것을 뺐기 때문에 가격은 저렴해지고 사용자들은 용도에 맞는 컴퓨터를 저렴하게 구입할 수 있게 되었다.

델컴퓨터의 또 하나의 특징은 '직접 판매'이다. 말 그대로 고객이 인터넷을 통해 주문을 직접 하는 방식이다. 지금이야 인터넷 통신 판매가 흔하지만 델컴퓨터는 1996년에 벌써 인터넷 직접 판매에 나섰다. 고객이 주문을 넣으면 공장에서 조립해 며칠 뒤에 배달한다. 제조 시점에서 이미 배달할 곳이 정해져 있으므로 재고는 0에 가깝다. 또한 인터넷을 통한 주문이므로 딜러나 소매점에 지불하던 비용을 줄일 수 있었다. 이 독자적인 비즈니스 스타일로 델컴퓨터는 비약적으로 성장했고 컴퓨터 시장의 1인자가 되었다.

그러나 이런 델컴퓨터도 똑같은 방식으로 중국의 만리장성을 넘을 수 없다는 사실을 알고 있었다. 중국에서는 인터넷을 통해 물건을 사는 사람이 적다. 중국 고객들은 인터넷이 아닌 오프라인 매장에서 컴퓨터를 산다. 그래서 델컴퓨터는 인터넷이 아닌 팩스와 전화를 활용하여 판매를 유도했다. 그리고 미국시장보다 상품 종류를 줄였다. 아직 중국 소비자들의 욕구가 세분화되지 않았기 때문이다. 이렇게 현지에서 통할 수 있도록 비즈니스 모델을 변경했다. 그리고 중국에서 공급이 효율적으로 이루어지자 점차 제품의 종류를 늘려갔다. 과거의 성공사례에 얽매이지 않고 유연하게 대처하는 것, 바로 이것이 델컴퓨터가 중국시장에 진출하여 성공을 거둔 요인이다.

컴퓨터 업계 부동의 1위이던 델컴퓨터는 그러나 2007년 HP(휴렛팩커드)에 뒤지게 된다. 델컴퓨터는 점유율 탈환을 목표로 중국 내 판매활동을 강화했다. 그때까지 델컴퓨터는 주로 직접 판매를 했고 매장 판매비율은 낮았다. 그러나 2007년부터는 중국 가전 양판점 판매 1~2위 업체와 제휴를 맺어 판매채널 확대에 주력하고 있다. 이번에도 현지 특성에 맞춰 비즈니스 전략을 변경한 것이다.

잭 웰치의 현지 파악 기법

현지 시장을 파악하기 위해서는 어떻게 해야 할까? 제너럴일렉트릭의 전 CEO인 잭 웰치(Jack Welch)의 기법을 참고할 만하다. 잭 웰치는 1980년대 인수합병과 매각을 통한 대담한 경영으로 유명한 인물이다. 그러나 내막을 들여다보면 그는 매우 신중한 경영자였다. 그는 조심스럽게 다각화를 추진했다. 새로운 시장에 뛰어들 때는 일단 제휴를 맺어 공략할 시장을 조사했다. 문화적 거리가 먼 지역이라도 제휴를 맺음으로써 현지 문화와 가까워질 수 있기 때문이다.

제휴라는 안전한 방법 대신 갑작스런 충동에 따라 신규 시장에 진출했다가 본전도 못 건지고 철수하는 기업들도 얼마든지 있다. 그런 과오를 되풀이하지 않고 차분히 신규 시장에 접근했다는 점만으로도 잭 웰치는 존경받을 만한 경영자이다.

도요타 자동차가 실시하는 '도요타 클러스터'도 해외 시장에 진출할 때 참고할 만하다. 경제학자인 오마에 겐이치는 이렇게 말했다.

"도요타는 일본 도요타가 아닌 미카와노쿠니(현재 본사가 있는 아이치 현을 이르는 옛말)의 도요타다."

도요타는 일본 국내에 10곳 이상의 생산 공장을 두고 있으며 (2009년 1월 현재) 많은 부품업체들의 납품을 받아 자동차를 조립하고 있다. 그런데 이 납품업체들은 한결같이 아이치 현 도요타 시에 있다. 도요타의 '저스트인타임(Just-In-Time, 재고를 0에 맞추어 비용을 최소한으로 줄이는 재고비용 관리방식)'이 가능한 것은 도시 전체가 시스템으로 연결되어 있기 때문이다. 쉽게 말해 도시 전체가 자급자족이 가능한 하나의 생태계이다. 부품을 생산하고 공급하는 협력업체, 부품을 조립하여 자동차를 생산하는 도요타, 그리고 제품을 운송하기 위한 물류 등 '클러스터'라고 불리는 일련의 흐름이 구축되어 있다.

도요타는 해외에 진출할 때도 '클러스터' 전략을 그대로 답습했다. 이런 환경 덕분에 현지 사원들이 도요타 방식을 쉽게 배울 수 있다. 도요타는 체코에도 생산거점을 두고 있는데 거기에 가보면 마치 도요타 시에 와 있는 듯한 착각에 빠지게 된다. 시내에는 일본식 주점까지 있다.

클러스터 방식은 현지화 전략과 반대로 기업에 맞게 현지를 조성하는 것이다. 현지화가 늘 정답은 아니다. 상황에 맞게 효과적인 방법을 찾아야 한다.

6장 남군성전투

무혈입성,
싸우지 않고
이기다

나사 구멍 이론

남군성전투

■ 위와 오가 싸우고 촉이 이기다

적벽에서 대패한 조조는 후퇴하는 길에 오나라 군과 유비 군의 매복공격을 당한 끝에 전의마저 상실하게 되었다. 조조는 양양을 하후돈에게, 강릉을 조인에게, 합비를 장료에게 맡겨 형주를 지키게 하고 허로 퇴각했다. 기세를 올린 오나라 군의 주유는 강릉 남군성을 공략하기 위해 장강 북쪽 연안에 포진했다. 조인은 이릉성에 조홍을 보내 지키게 하고 만반의 준비를 갖춘 다음 적과 싸울 채비를 했다.

양군의 장수들은 그 이름값에 걸맞게 일진일퇴의 공방전을 펼친다. 그리고 1년을 끈 남군성전투는 의외의 결말로 끝나게 된다.

오나라 군의 감녕이 이릉성을 공격하자 조인 휘하의 명장인 조순, 조홍, 우금 군단이 감녕의 주위를 포위했다. 오나라 주유는 직접 감녕을 도우러 대군을 이끌고 이릉에 도착했다. 우선 부장수인 주태에게 명하여 조인 군의 포위를 뚫고 감녕의 대열에 합류하게 한 다음, 즉시 조인 군을 맹렬하게 공격했다.

격렬한 전투가 시작되었다. 오의 감녕과 주태가 번갈아가며 위의 조인 군을 공격했다. 거센 공격을 받고 혼란에 빠진 조인 군은 남군으로 통하는 샛길을 통해 퇴각했다. 그러나 그 길은 이미 오나라 군이 울타리와 거목 등의 장애물로 막아 놓았기 때문에 말을 타고 지나갈 수가 없었다. 조인 군은 말을 버리고 도주했다. 오나라 군은 500여 마리의 군마를 얻었고 주유는 병사들을 독려하며 며칠 동안 남군 근처까지 추격했다. 그러나 그곳에는 조인의 지원군이 기다리고 있었다. 다시 한 차례 격전이 펼쳐졌다. 서로 한 치의 양보도 없었다. 해가 질 때까지 승부가 갈리지 않자 양측은 병력을 뒤로 물렸다.

무사히 남군성으로 들어선 조인은 조순, 조홍 등의 장수들을 모아 회의를 열었다. 이릉을 빼앗겼으니 전국은 오나라에 유리하게 돌아가고 있었다. 조인은 위기에 처했을 때 보라고 조조가 남긴 문서를 펼쳐 들었다. 문장을 다 읽은 조인은 날이 밝기 전에 병사들을 든든히 먹이게 했다.

동이 텄다. 성벽에는 깃발을 빽빽이 꽂았다. 위장 전략이었다. 조인은 군대를 세 부대로 나누어 성 밖으로 나갔다.

남군성 밖에 포진하고 있던 주유는 한눈에 계략임을 간파했다. 성 밖으로 나온 조인 군의 병사들은 모두 허리에 짐을 메고 있었다. 주유는 조인 군이 성을 버리고 도망가는 것이라 여기고 코웃음을 쳤다. 군대를 좌군과 우군으로 나누어 정보에게는 뒤를 치게 하고 단번에 공격을 개시했다. 그리고 그는 직접 병사들을 이끌고 성을 공략했다.

먼저 조홍이 오나라 군에 맞서 싸웠다. 그러나 한당 군의 공격을 견디지 못하고 퇴각했다. 조인 군의 대열이 흐트러지기 시작했다. 그 순간을 틈 타 주유가 총공격에 나서자 조인 군은 사방팔방으로 흩어졌다. 오나라 군이 빠른 속도로 추격하자 조인 군은 북서쪽으로 도망쳤다. 주유는 성문이 훤히 열린 남군성을 들여다보았다. 깃발만이 성벽에 가득 꽂혀 있었다. 곧 남군성 입성을 명했다. 함성을 지르며 오나라의 기마대가 입성했고 주유는 말에 채찍질을 하며 뒤를 따랐다.

성벽 울타리에 숨어 있던 조인 군의 장수 진교는 이를 보고 쾌재를 불렀다. '딱' 하는 신호가 울리자 성벽 울타리에 숨어있던 조인 군이 화살과 쇠뇌를 소나기처럼 퍼부었다. 앞서 간 오나라 군의 기마는 깊게 파 놓은 함정에 빠져 흙먼지를 일으키며 함정 아래로 사라졌다. 주유는 말머리를 돌릴 틈도 없이 왼쪽 가슴에 화살을 맞고 떨어졌다.

성 안에 숨어있던 우금은 주유를 생포하려고 군사를 이끌고 진격했다. 오나라 군의 서성과 정봉이 재빨리 몸을 날려 주유를 안고 퇴각했다.

이때 후방공격을 맡고 있던 정보가 군사를 추려 돌격하려 할 때, 북서쪽으로 도망갔다고 생각했던 조인 군이 갑자기 나타나 오나라 군을 향해 공격을 퍼부었다. 마침 오나라 군의 능통이 조인 군의 옆구리를 공격했기에 정보는 겨우 목숨을 건질 수 있었다.

조인은 승리를 거머쥐고 다시 남군성에 입성했다. 조인이 전달받은 조조의 비책은 거짓으로 패배한 척 도망치되 몰래 함정을 파 놓았다가 남군성 안으로 오나라 군이 들어오면 공격을 가하라는 것이었다.

주유가 맞은 화살촉에는 독이 묻어 있어서 회복이 더뎠다. 주유는 크게 격분했다. 그가 진영에서 상처를 치료하는 중에도 조인 군은 계속 싸움을 걸어왔다. 오나라 군의 지휘를 맡은 정보는 군사들에게 자중하도록 명했다. 그러자 조인이 직접 군을 이끌고 오나라 군 진영으로 쳐들어왔다.

주유는 만류하는 장수들을 뿌리치고 병상에서 일어나 갑옷을 입고 말 위에 올라탔다. 주유는 수백 명의 기마병을 이끌고 싸울 태세를 갖췄다. 조인 군은 상처를 입은 주유와, 수비만 하고 싸움에 응하지 않는 오나라 군에게 야유를 퍼부었다. 이에 노한 주유가 진두에 서서 적진으로 나아갔다.

"역적 조인은 들어라! 오나라의 대도독인 주유가 여기 왔다. 내가 너의 목을 치겠다."

조인이 군사들에게 "마음껏 욕을 퍼부어라." 하고 명하자 조인의 병사들이 목청을 높여 야유를 퍼부었고, 이에 크게 노한 주유는 분개하며 총공격을 명했다. 그러나 다음 순간 주유는 갑자기 입에서 피를 쏟으며 말에서 떨어졌다.

조인 군은 이 기회를 놓치지 않고 총공세를 펼쳤다. 오나라 장수들이 간신히 방어하며 진영으로 철수했다. 주유는 본진으로 돌아와서 정보에게 이렇게 말했다.

"나의 계략이라네. 우리 병사들 중 몇 명을 뽑아 조인에게 거짓으로 투항하게 하여 주유가 죽었다고 하게. 그러면 그날 밤 조인이 틀림없이 급습해 올 것이네. 사방에 병사들을 숨겨놓고 기다리다 일제히 공격에 나서도록 하게."

며칠 뒤 주유가 죽었다는 소식을 접한 조인은 진교 혼자 남군성에 남겨두고 전군을 이끌고 오나라 군 진영으로 진격했다. 그러나 이를 기다리던 주유는 조인 군에 총공격을 퍼부었다. 공격이 어찌나 거세던지 반격의 여지도 없었다. 불시에 일격을 당한 조인은 양양으로 후퇴했다.

주유는 남은 적들을 소탕하며 남군성 앞에 모습을 나타냈다. 그러나 어찌된 일인지 성벽에는 유비 군의 깃발이 펄럭이고 있었다. 성벽 위에서 한 장수가 고개를 내밀고 말했다.

"도독께서는 너무 노여워 마십시오. 공명 군사님의 명을 받들어 남군성은 우리가 접수했습니다. 나는 상산의 조자룡이라 합니다. 오나라 군이 남군성을 지키지 않으니 제 주인인 유공께서는 공과 한 약속대로 우리 손으로 성을 되찾으라고 명하셨습니다."

격노한 주유는 곧바로 공격 태세를 갖추려고 했지만 진형을 갖추기도 전에 화살이 소나기처럼 날아왔다. 그래서 우선 물러간 다음 장수들과 머리를 맞대고 의논을 했다. 일단 병사를 나눠 형주와 양양을 빼앗은 다음에 남군을 공격해도 늦지 않으리라고 결론지었다. 그러나 이때 형주와 양양에서도 주유가 상상하지 못한 일이 벌어지고 있었다.

공명은 이렇게 예측했다.

"조조 군은 적벽에서 크게 패하기는 했으나 오나라 군에 쉽게 물러설 만큼 약한 군대는 아니다. 주유 역시 남군성을 쉽게 내주지 않을 것이다."

적벽대전 후 유비는 유강공에 주둔하며 형주를 탐하는 듯한 태도를 보였다. 유비를 비난하기 위해 유비 진영을 찾은 주유는 공명의 계책대로 도발에 놀아나 "만일 오나라 군이 형주 성에서 조조 군을 몰아내지 못한다면 그때는 공께서 마음대로 하셔도 좋소."라고 실언을 하고 말았다. 이것이 유비에게 남군성을 빼앗을 명분을 주었다. 유비와 공명의 계략을 알면서도 결국 주유는 일진일퇴에 날을 지새우다 남군성을 빼앗기고 말았다.

그런데다 잇달아 급보가 날아들었다.

"아룁니다. 형주성은 이미 유비 현덕의 장수인 장비에게 점령되었다 합니다."

"양양은 관우가 점령했다고 합니다."

주유는 1년 동안 많은 희생을 치르며 조조 군과 전투를 거듭한 끝에 겨우 승리를 거두었다. 게다가 깊은 상처까지 입고 말았다. 그러나 유비는 털끝 하나 다치지 않고 남군뿐 아니라 형주, 양양까지 점령했다. 대체 무슨 일이 있었던 것일까?

주유가 조인과 격전을 벌이는 틈을 타서 공명은 조자룡에게 한 부대를 지휘하도록 했다. 조자룡은 수비가 허술한 남군성에 쳐들어가 조인 군의 진교를 생포했다. 그리고 진교가 갖고 있던 병부(군에서 연락을 취할 때 아군임을 증명하는 표식)를 빼앗아 형주에 거짓 전령을 보냈다.

"양양이 오나라 군의 공격에 둘러싸여 위험에 빠졌다. 속히 원군을 보내기 바란다."

형주의 조조 군은 즉시 원군을 선발해 양양으로 진격했다. 그 사이 장비가 형주성을 점령했다. 마찬가지로 양양에도 거짓 전령을 보냈다. 지원부대가 형주로 떠나자 관우는 양양을 접수했다. 주유는 치솟는 분노를 억누르지 못하고 부들부들 떨었다. 그 때문에 가슴 상처가 재발하고 독이 온 몸으로 퍼져 결국은 피를 토하며 쓰러졌다.

: 고수들의 전략, 싸우지 않고 이기는 법 :

이번 장에서는 '삼국지' 가운데 적벽대전 이후의 사건을 언급한다. 천하통일을 눈앞에 두고 있던 조조는 적벽에서의 패배로 그 기회를 놓쳤다. 한편 오나라의 손권과 주유는 세력이 더욱 커졌고 유비도 어부지리로 남군, 양양을 손에 넣게 되었다. 드디어 위촉오 삼국이 세력의 균형을 이루게 된다. 사실 이번 장에서 소개한 강릉, 남군을 둘러싼 전투는 '삼국지연의'에서는 짧게 언급할 뿐이다. 그러나 비즈니스라는 관점에서 보면 시사하는 바가 크다.

일반적으로 전쟁에서는 적의 부대를 전멸시키는 것을 최우선 과제로 삼는다. 문제는 전투 과정에서 아군도 피해를 입는다는 사실. 그러나 진정으로 현명한 전략가는 아군의 손실을 최소화하며 승리를 거둔다. 만일 필요하다면 상대와의 싸움을 피하는 것도 한 방법이 된다. 유비는 공명이 말한 대로 아군의 희생 없이 형주의 성 몇 곳을 손에 넣었다. 그동안 조조 군과 주유 군은 필사적으로 전투를 벌였다. 두 진영 모두 격렬한 전투 탓에 체력 소모가 컸고, 유비의 존재를 생각할 만큼 여유가 없었다. 그만큼 서로에게 강력한 적이었다. 결과적으로 적은 손실로 가장 큰 이익을 얻은 쪽은 유비였다.

적과 정면으로 싸우는 것만이 승리의 수단은 아니다. '손자병법'에서는 '싸우지 않고 이기는 것'이 으뜸이라고 했다.

그렇다면 싸우지 않고 이기려면 어떻게 해야 할까? '타사의 경쟁을 활용하는 데' 답이 있다. 즉 경쟁하는 회사들의 다툼을 자사의 이익으로 결부시키는 구조를 만든다. 이것이 '싸우지 않고 이기는' 가장 현명한 전략이다.

그런데 자사의 노력뿐 아니라 타사의 노력까지 자사의 이익으로 결부시키는 전략이 가능할까? 시야를 조금만 넓혀보면 의외로 이런 사례가 종종 눈에 띈다. 예를 들어 '애플, 세븐은행, 소니'가 그렇다. 이 기업들의 비즈니스 모델은 매우 독특하다. 어떻게 싸우지 않고 승리를 거두었을까? 하나씩 살펴보기로 하자.

아이팟, 차려놓은 밥상에 숟가락을 얹다

휴대용 MP3 플레이어의 왕자 아이팟은 지금까지 약 1억 6천만 대의 판매고를 올렸다. 아이팟이 출시된 것은 2001년. 이후 숱한 경쟁자들이 머리 싸매고 신제품을 투입했지만 여전히 아이팟의 아성은 높기만 하다. 아이팟이 크게 히트한 것은 2005년 아이팟 나노가 출시되면서부터였다. 명함 크기에 약 6.9mm의 두께밖에 되지 않는 플레이어는 당시 큰 이목을 끌었다.

아이팟이 개발 단계에 있을 무렵, 휴대용 음악 플레이어 시장에는 이미 애플 이외에도 많은 제조업체가 있었다. 일본에서는 소니, 산요, TDK 등이 휴대용 음악 플레이어를 출시하는 등 이미 시장에 진출한 상태였다. 애플은 후발주자였다. 그러나 시장에 먼저 진출한 기업과 애플 사이에는 크나큰 차이가 있었다. 애플이 1세대 아이팟을 출시했을 때 일본 제조업체들이 주력했던 부분은 하드웨어 성능과 음질 같은 기술 문제였다. 반면 소프트웨어의 개발은 도외시했다.

그런 가운데 애플은 아이튠즈를 발표했다. 이 음악 관리 소프트웨어는 다른 회사 제품보다 월등히 편리했다. 음악 검색과 정리, 재생 등 세세한 부분까지 잘 만들어졌다. 아이튠즈의 제공으로 경쟁업체의 약점은 크게 부각되었다. 게다가 애플은 아이튠즈를 무료로 배포하여 아이팟 사용자는 누구든지 쓸 수 있도록 했다.

아이팟이 인기를 끈 또 한 가지 요인이 있다. 2005년에 개설한 음악 전송 서비스 아이튠즈뮤직스토어(iTMS)이다. 당시 일본에도 모라(Mora)라는 음악 전송 서비스가 존재했다. 그러나 보유한 음원에 격차가 있었다. 모라는 20만 곡이었고, 아이튠즈뮤직스토어는 100만 곡이었다.

아이튠즈뮤직스토어가 개설됨에 따라 애플은 하드웨어부터 음악 관리 소프트웨어와 음원까지 음악 관련 전 제품을 한 번에 제공하는 체제를 마련했다.

이런 혁신이 가능했던 것은 저작권에 대한 견해가 소니와 같은 경쟁사와는 달랐기 때문이다. 예컨대 애플은 다운로드를 한 음원을 자신의 CD에 담을 수도 있도록 만들었다. 물론 다른 아이팟으로 옮겨 담는 것도 가능했다. 그래서 상황에 따라 크기가 다른 아이팟을 쓰는 사용자도 생겨났고 재구매층도 점차 늘었다.

반면 소니는 저작권 보호에 힘을 쏟았다. 왜 그랬을까. 소니 그룹 내에 레코드 회사인 소니뮤직엔터테인먼트(SME)가 있었기 때문이다. 디지털 음원을 자유롭게 복사하도록 허용하면 CD 판매가 줄어들 것이 뻔하기 때문에 MD를 개발할 때부터 저작권보호에 중점을 두었다. 그래서 소니는 ATRAC3라는 저작권 보호 기능이 있는 독자적인 압축방식을 채택했다. 소니의 휴대용 음악 플레이어로 음악을 들으려면 사용자가 일단 MP3 파일을 ATRAC3로 변환해야 했다. 번거롭고 귀찮다는 소비자들의 의견이 많았지만 소니는 2004년이 되기 전까지 꿈쩍도 하지 않았다.

기술적으로 보면 소니가 아이팟에 뒤처지지 않는다. 그러나 소니 뮤직엔터테인먼트 때문에 음악 저작권에 너무 집착했고 소프트웨어와 서비스의 연계에 소홀했다는 것을 부정할 수 없다. 일본에서 아이팟이 성공한 데는 소니의 집착도 한몫을 했다.

아이팟의 승리는 흡사 남들이 밥상을 다 차려놓은 시장에 유유히 들어와서 거머쥔 승리라고 할 수 있다. 경쟁업체들이 열심히 갈고 닦아 놓은 길에 경쟁업체들이 미처 생각지 못한 혁신적 서비스로 뛰어들어 성공을 거둔 것이니 싸우지 않고 이기는 법의 좋은 예이다.

Keyword

문제의 본질과 나사 구멍

타 기업과 경쟁을 벌이는 이유는 무엇인가? 간혹 경쟁 자체에 치중한 나머지 왜 경쟁하는지 그 목적을 상실하는 경우가 종종 있다. 그래서 싸우지 않고 이기는 방법이 있다는 사실에 의아해 한다. 명심하자. 이기는 것이 목적일 뿐, 싸움은 그 수단 중 하나에 불과하다.

이처럼 경쟁 목적에 혼동이 올 때 한 번쯤 상기할 만한 교훈이 있다. 하버드 비즈니스 스쿨의 명예교수인 테오도르 레빗(Theodore Levitt)의 '나사 구멍' 이론이 그것이다.

"소비자는 4분의 1인치 구경을 뚫을 수 있는 드릴을 사고 싶어 하는 것이 아니다. 그들이 필요한 것은 4분의 1인치 구경의 구멍이다."

마케팅의 구루 테오도르 레빗은 '하버드 비즈니스 리뷰' 미국 편집장으로 학계와 산업계의 발전에 크게 기여한 인물이다.

드릴을 판매할 때 어떤 마케팅 전략을 짜야 할까? 상품 종류, 가격대 등이 먼저 머리에 떠오른다. 그러나 드릴을 사는 고객이 필요한 것은 4분의 1인치짜리 구멍이다. 즉 물건이 아니라 결과물이다. 이 이론은 전략을 짜기 전에 왜 전략을 짜야 하는지 먼저 돌아보게 만든다. 제품을 통해 소비자가 최종적으로 얻게 될 결과물을 고려치 않은 상태에서는 제아무리 전략을 짜도 고객만족을 얻을 수 없다.

경쟁사가 잘 될수록 돈을 버는 세븐은행

세븐일레븐 같은 편의점에 ATM(현금 자동 입출금기)이 설치된 것은 지금은 당연한 풍경이 되었다. 젊은이들 중에는 세븐&아이홀딩스의 세븐은행에서 현금을 인출하는 사람이 많다. 세븐일레븐에 설치된 ATM은 은행과 공동운영하는 것이 아니다. '세븐&아이홀딩스'라는 지주회사가 독자적으로 설립한 세븐은행이 운영한다. 편의점에 ATM이 설치되어 있으므로 언제 어디서든 쉽게 현금을 찾을 수 있다. 현금 인출과 물건 구매가 한곳에서 이루어진다. 카드로 물건을 사는 사람조차도 현금 없이는 다니지 않는다. 생활하다 보면 현금이 필요해지고 어디에서든 돈을 인출할 상황이 생긴다. 이용자는 세븐은행 개설 이후 편리한 생활을 누리게 되었다.

세븐은행은 기존의 은행과는 다른 비즈니스 모델을 갖고 있다. 일반적인 은행은 조달한 자금을 기업에 빌려주고 이자를 받아 운영한다. 그러나 세븐은행의 수익원은 이자가 아닌 수수료다.

많은 이용자들이 돈을 맡긴 곳은 세븐은행이 아닌 타 은행이다. 하지만 이용자들은 세븐일레븐의 ATM에서 돈을 인출한다. 이때 세븐은행은 제휴은행으로부터 대행수수료를 받는다. 세븐은행에 계좌를 개설할 수도 있지만 세븐은행에서 예금을 인출하면 세븐은행에는 대행수수료가 들어오지 않는다. 그래서 세븐은행은 자사의 계좌 이용자가 늘어나는 것보다 이용자들이 다른 은행에 예금을 한 다음 세븐은행의 ATM으로 출금하는 방식을 더 선호한다.

은행은 예금자 유치를 위해 서비스를 강화한다. 인터넷 뱅킹, 카드 포인트제도, 새로운 금융상품 개발 등 이용자에게 매력적인 서비스를 잇달아 제공한다. 이에 따른 비용은 은행 스스로가 부담한다. 하지만 예금자가 늘어날수록 세븐은행의 이익도 커진다.

설립 초기 세븐은행을 보는 눈은 차가웠다.

'세븐은행(당시 아이와이뱅크)의 비즈니스는 성공하지 못할 것이다.'

'편의점에서 삼각 김밥을 파는 것처럼 ATM을 둔다고 비즈니스가 될 리 없다.'

2000년 8월을 기점으로 개시할 예정이었던 ATM 서비스는 9개월 뒤인 2001년 5월로 연기되었다. 세븐은행의 구상이 마련된 것은 1998년이었다. 개업까지 많은 시간이 소요된 이유는 금융청의 허가가 떨어지지 않았기 때문이다. 과연 세븐은행이 모회사(세븐&아이홀딩스)에 의존하지 않고 견실하게 수익을 거둘 수 있을지 회의적인 시각이 많았다. 그래서 영업 일시가 뒤로 늦춰졌던 것이다. 그만큼 낯선 영업 방식이었다.

어쨌든 이런 난관을 극복하고 비즈니스를 시작했지만 초기에는 신통치 않았다.

첫해인 2001년 실적은 경상손실 121억 엔, 2002년도는 81억 엔의 적자를 기록했다. 그러나 이는 비즈니스 모델상 어쩔 수 없는 적자였다. 세븐은행은 시설 투자형 비즈니스 모델이다. ATM을 설치하려면 초기 투자가 필요하다. 처음에는 부담이 크지만 그 후에는 추가 비용이 거의 들지 않고 투자액을 회수할 수 있다. 수치상으로는 적자지만 사실 수입은 계속 늘었다. 2002년도에 113억 엔이던 매출은 2007년도에는 801억 엔으로 급증했다. 그리고 사업 시작 3년째인 2003년도부터 실적이 흑자로 돌아섰는데 그 해의 경상이익이 30억 엔이었다. 그리고 2007년도에는 246억 엔의 경상이익을 기록했다.

ATM 운용에서 중요한 것은 현금 잔액이다. 언제든지 입출금이 가능하도록 현금이 준비되어 있어야 한다. 세븐은행은 이에 대한 대책도 잘 세워 두었다. 세븐은행의 단말기에 입금된 금액은 일반 ATM보다 금액이 많다. 왜냐하면 세븐일레븐의 매장 주인으로 하여금 매장 수익을 ATM에 입금하도록 했기 때문이다. 덕분에 매장 주인은 매장 수익금을 매일 야간 금고에 맡길 필요가 없어졌다. 세븐은행 측에서 보면 매장 주인이 ATM에 현금을 채워주므로 인건비를 절약할 수 있다. 또 세븐일레븐에는 상품이 품절되지 않도록 배달하는 독자적인 물류 시스템이 있다. 현금 호송도 기존의 배송 시스템을 활용하면 되므로 이용자가 서비스 이용에 불편을 겪는 일이 드물다.

한편 제휴 은행도 이득을 취한다. 세븐은행을 이용함으로써 신규 ATM을 설치할 필요가 없어졌기 때문이다. 이는 은행의 운영비 절감으로 이어진다. 세븐은행의 비즈니스 모델은 예금자, 세븐일레븐 매장 주인, 그리고 제휴은행 모두가 이익을 보는 구조다. 세븐은행은 제휴은행의 노력을 수익으로 바꾸는 '싸우지 않고 이기는 전략'을 실현했다.

• Case 3 •

전자화폐 전쟁의 승자는 누구?

이번에는 전자화폐 시장을 살펴보자. 일본에서는 전자화폐가 보급되어 일상생활 속에서 빠질 수 없는 존재가 되었다. 지하철이나 버스와 같은 대중교통은 물론이요, 구내 매점이나 자판기 단말기에 스이카(Suica) 등의 카드를 대고 음료수를 사는 사람도 많다. 수도권을 중심으로 전자화폐는 생활의 일부가 되었다.

비접촉식 IC 카드가 등장한 것은 2001년이다. 초기에는 에디(Edy)라는 카드와 JR 동일본에서 발행하는 스이카가 주류였다. 그 후 새로운 서비스가 잇달아 등장했고 종류와 발행 매수도 늘어났다.

시장 규모도 급격히 팽창했다. IC 카드 시장은 2006년도까지 매출 1,821억 엔 규모이던 것이 2007년도에는 3.8배 성장한 6,894억 엔까지 늘었다. 그리고 2013년에는 2조 8천억 엔까지 성장할 것으로 전망된다.

언뜻 전자화폐 업계의 경쟁은 갈수록 과열되는 양상까지 보였다. 그러나 자세히 들여다보면 서로가 카드 발행매수 증가에 기여하고 있다는 사실을 발견할 수 있다.

2007년 3월에 발행된 파스모(PASMO)가 좋은 예이다. 파스모는 교통기관에서 발행한 IC 카드인데 스이카와 호환이 가능하다.

당연히 파스모의 발행으로 스이카의 성장이 주춤할 것으로 예측할 수 있다. 그러나 파스모 서비스가 시작된 후에도 스이카는 계속 발행 매수가 늘었다. 그렇다고 파스모의 발행 매수가 지지부진했던 것도 아니다.

첫날 파스모 발행 매수는 IC 교통 카드 사상 최고인 51만 장을 기록했다. 첫해 판매 목표가 500만 장이었는데 출시 3주 만에 300만 장을 돌파했다. 미리 준비한 400만 장의 카드는 순식간에 바닥을 드러냈다. 급히 카드를 추가 제작했지만 판매량을 따라 가지 못했다. 그래서 그 해 4월 12일에 정기권 이외의 카드 신규 판매를 일시 중단하기까지 했다. 같은 해 9월에 다시 판매를 시작한 후에도 발행 매수는 꾸준히 늘고 있다.

왜였을까? 파스모의 등장으로 사람들은 IC 카드의 편리함을 재인식하는 계기를 갖게 되었고, 그 덕분에 시장 규모는 더욱 확대되었던 것이다.

카드가 팔릴수록 소니가 웃는다

카드를 단말기에 대면 데이터가 순식간에 읽힌다. 이처럼 얇은 카드 한 장에는 고도의 기술력이 집약되어 있다. 이용자는 지하철역 개찰구에 스이카를 대고 지하철을 타고 목적지로 간다. 이때 하차역 개찰구에서는 구간 운임계산, 개찰통과 시간과 카드 잔액 등 필요한 정보를 눈 깜짝할 새에 처리한다.

이처럼 빠른 속도로 정보를 처리할 수 있는 것은 스이카와 파스모 등 플라스틱 카드에 내장되어 있는 IC 칩 때문이다. 매우 작은 크기의 칩에 컴퓨터와 마찬가지로 중앙처리장치(CPU)와 메모리가 설치되어 있다. 그뿐 아니라 카드에는 OS와 애플리케이션이 탑재되어 있어 데이터 기록도 가능하다. 그야말로 작은 칩 하나에 컴퓨터가 통째로 들어간 셈이다.

비접촉식 IC 카드에 내장된 CPU, 메모리, OS 부분을 통틀어 펠리카(FeliCa)라고 한다. 이를 개발한 것은 소니다.

펠리카는 스이카뿐 아니라 많은 용도로 이용되고 있다. 모바일 전자화폐 등 휴대전화에도 탑재되며, 항공탑승 서비스에도 이용된다. ANA의 '스킵 서비스', JAL의 'IC 체크인 서비스'에도 펠리카가 쓰인다. 비행기에 탑승할 때 모바일 전자화폐를 갖다 대면 번거로운 체크인 절차 없이 비행기에 탈 수 있는 서비스다. ANA, JAL 모두 판매 경쟁에 나서고 있으며 각 항공사의 고객은 편리한 서비스를 누리고 있다. 그 결과 펠리카의 판매도 는다.

ANA, JAL은 소니에 '타사'다. 이 타사 간의 경쟁이 소니의 펠리카 판매 증가에 공헌하고 있다.

소니 측에서 보면 나나코와 나온, 에디, 스이카 등 어떤 회사의 전자화폐가 시장을 장악하든 상관없다. 나나코와 와온이 치열하게 경쟁을 펼쳐 고객에게 더 좋은 서비스를 제공하면 고객이 늘어나 새로운 카드를 발행해야 하고, 그 결과 펠리카를 이용하는 사람들이 필연적으로 증가하게 된다. 소니로서는 남들이 차려놓은 밥상에 숟가락만 올려놓은 셈이다.

최근 자판기에도 비접촉식 IC 카드 인식 단말기가 설치되기 시작했다. 청량음료 시장은 다른 시장보다 경쟁이 치열하다. 2008년의 업계 최강자는 코카콜라 그룹이었고 그 위치는 지금도 흔들림이 없다. 2위는 산토리, 3위는 기린 비버리지, 4위가 이토엔, 5위가 아사히 음료이다. 최근 몇 년 동안 이 순위에는 변동이 없다.

음료 제조업체에서는 신제품을 잇달아 발표하고 인기상품을 만들어낸다. 그러나 음료시장은 천 종의 제품이 출시되면 이 가운데 세 개 정도가 히트하는 까다로운 시장이다. 그러나 인기상품을 만들려는 의욕과 무엇이든 하겠다는 의지는 그 어떤 업종보다 강하다. 그래서 다른 업계보다 발 빠르게 자판기에 비접촉식 IC 카드 단말기를 설치했다.

자판기에 카드 인식 단말기를 설치한 덕분에 카드 이용자는 더욱 편리해졌다. 그리고 '펠리카 탑재 카드를 갖고 있는 고객'이라는 새로운 세그먼트가 생겨났다. 청량음료 분야에서도 업체 간 경쟁이 펠리카 판매를 촉진하고 있다. 이런 경쟁으로 인해 이익을 보는 것은 소니만이 아니다. 자판기 제조업체에는 후지전기리테일시스템즈, 산덴 등이 있는데 청량음료 제조업체가 단말기를 자판기에 설치함으로써 자판기 제조업체도 새로운 수주를 받게 되었다. 청량음료 제조업체 간의 치열한 경쟁이 자판기 제조업체에 호재가 된 것이다.

한편 청량음료 제조업체 중에서도 경쟁사 간의 노력을 자사의 비즈니스에 활용하는 기업도 있다. 지금은 페트병에 담긴 녹차가 인기를 끌고 있지만 예전에는 '바로 우려서 바로 마셔야 제대로 된 녹차'라는 인식 때문에 소비자의 외면을 받았다. 그러나 제조업체들은 포기하지 않고 다양한 신제품을 개발하며 치열한 경쟁을 벌였다. 그런데 이 업체들에게는 페트병에 담을 녹차를 만들 수 있는 노하우가 없었다. 그래서 너도 나도 국내 1위 녹차 기업인 이토엔에서 OEM 방식으로 녹차를 구매했다.

제조업체들의 경쟁과, 이후 녹차 시장의 성장에 힘입어 이토엔은 더 많은 매출을 올릴 수 있었다.

실질적 표준화(de facto standard)

펠리카는 넓은 의미에서 실질적 표준화를 이뤘다고 할 수 있다. 실질적 표준화란 '어떤 기술이 사실상의 표준을 이룬다.'는 뜻이다. 일반적으로 표준이라고 하면 ISO가 널리 알려져 있다. 가령 국제 표준화 되지 않았다고 하더라도 많은 사람들이 인정하고 표준으로 받아들이면 실질적 표준화라고 한다. 지금까지 컴퓨터의 OS였던 윈도우와 메모리 카드 기록매체인 플로피 디스크, 가정용 비디오 기록방식인 VHS 등이 좋은 예이다. 제조업체는 실질적 표준화를 이룸으로써 자사에 막대한 이익을 가져올 수 있다. 윈도우가 마이크로소프트의 수익에 얼마나 공헌했는지는 잘 알려진 사실이다.

하지만 실질적 표준을 이뤘다고 해서 안주할 수 있는 것은 아니다. 필립스는 콤팩트 카세트로 전 세계의 실질적 표준을 확립했다. 그러나 보급을 위해 특허를 무상으로 공개했기 때문에 필립스에 특허수입은 전혀 들어오지 않았다. 다른 기업에서도 보급을 중시한 나머지 특허료를 싸게 설정해서 결과적으로는 특허수입이 거의 없는 경우도 발생했다.

또 규격이 단명화되고 있다는 사실도 주목해야 한다. 실질적 표준을 이뤄도 곧 대체 규격이 등장하여 그 자리를 빼앗는 일이 종종 있다.

예를 들어 PC의 외부 기억장치 중에 플로피 디스크가 실질적 표준으로 장기 집권하던 시절이 있었다. 그러나 그 후에는 MO, CD-R, CD-RW, USB 메모리 등이 차례차례 등장했고 표준이라고 하기에는 수명이 너무 짧아서 다음 대체 규격에 자리를 물려주게 되었다.

또 근접형 IC 카드의 표준은 펠리카가 아니었다. 국제규격 ISO/IEC 14443에 등록한 A 타입과 B 타입이 있다. 펠리카를 탑재한 스이카는 교통카드로 사용되기 위해 개발단계부터 매우 빠른 처리 속도를 목표로 만들어졌다. 그런데 A 타입과 B 타입은 처리 속도가 느렸다. 그래서 독자적인 표준인 펠리카가 필요했던 것이다.

그러나 일본 담배 제조업체인 '일본 타바코산업'의 '타스포'는 A 타입을 채택했다. 가격이 쌌기 때문이다. 타스포는 발행 수수료와 연회비가 무료였고 타스포를 도입함으로써 발생하는 비용을 담배가격에 반영하지 않으려는 방침을 세웠다. 단 담배 자판기는 지하철 개찰구에서처럼 빠른 처리 속도가 필요하지 않았다. 그래서 타스포는 처리능력이 떨어져도 가격이 싼 A 타입을 선정하게 되었다.

현재 A 타입과 B 타입보다 펠리카가 IC 카드 규격의 주류인 것은 틀림없는 사실이다. 그러나 세대교체가 빠른 규격 및 표준화 세계에서 다른 규격에 그 자리를 빼앗길 가능성도 배제할 수 없다.

7장 형주 남사군 공략천
대기업의 우산
속으로 들어가다
키스톤 전략

형주 남사군 공략전

■ 둘은 죽이고 둘은 살리다

유비는 형주, 양양, 남군을 수중에 넣은 뒤 이곳을 수비하기 위해 고심을 거듭한다. 마침 마씨 5형제를 알게 되고 그 가운데 제일 출중하다는 마량을 불러 대책을 묻는다. 마량은 형주를 장기간 지키려면 형주 남부의 4군을 빼앗되 반드시 민심을 얻어야 한다고 조언한다. 유비는 마량의 조언대로 남사군 공략에 나서는데……

유비가 형주를 장악한 후의 일이다. 이곳은 지리적으로 침략을 받기 쉬운 위치에 놓여 있었다. 언제든지 조조 군이 침범할 수 있을 뿐 아니라 오나라와의 동맹관계도 예전만큼 탄탄하지 않았다.

고심에 잠겨 있던 어느 날, 유비는 양양의 마씨 5형제 소문을 듣게 된다. 마씨 5형제는 모두 능력이 출중하며 형주의 사정에 정통한데 그 다섯 형제 가운데 마량이 가장 뛰어난 인물이라는 것이었다. 유비는 마량을 불러 극진히 대접하고 형주를 방어하려면 어떻게 해야 하는지 물었다.

"형주, 양양은 사방이 트여 있어 적의 침투가 용이한 곳입니다. 만일 이곳을 장기간 통치하려면 무엇보다 백성을 안심시켜야 합니다. 그런 다음, 형주 남부의 영릉, 무릉, 계양, 장사의 4군을 지배하에 두고 이곳 백성을 위로하고 보살피며 재화와 식량을 축적하여 힘을 길러야 합니다."

나아가 마량은 영릉, 무릉, 계양, 장사의 순으로 공격하는 것이 좋다고 주장했다. 유비는 곧 마량을 종사(주 및 군의 정승에 속한 관원)로 임명한 뒤 즉시 형주 남부의 4군을 공격했다. 전 병력은 1만 5천 명이었다. 장비가 선봉에 섰고 유비와 공명은 가운데를, 조자룡이 후방을 맡았다.

마량의 주장에 따라 유비 군은 우선 영릉으로 진군했다. 영릉 태수는 유도였다. 마침 영릉에는 상장군 형도영이 있었다. 그는 용맹한 장수로 천하에 이름이 높았다. 그가 맞서 싸울 것을 강력히 주

:: 형주 ::

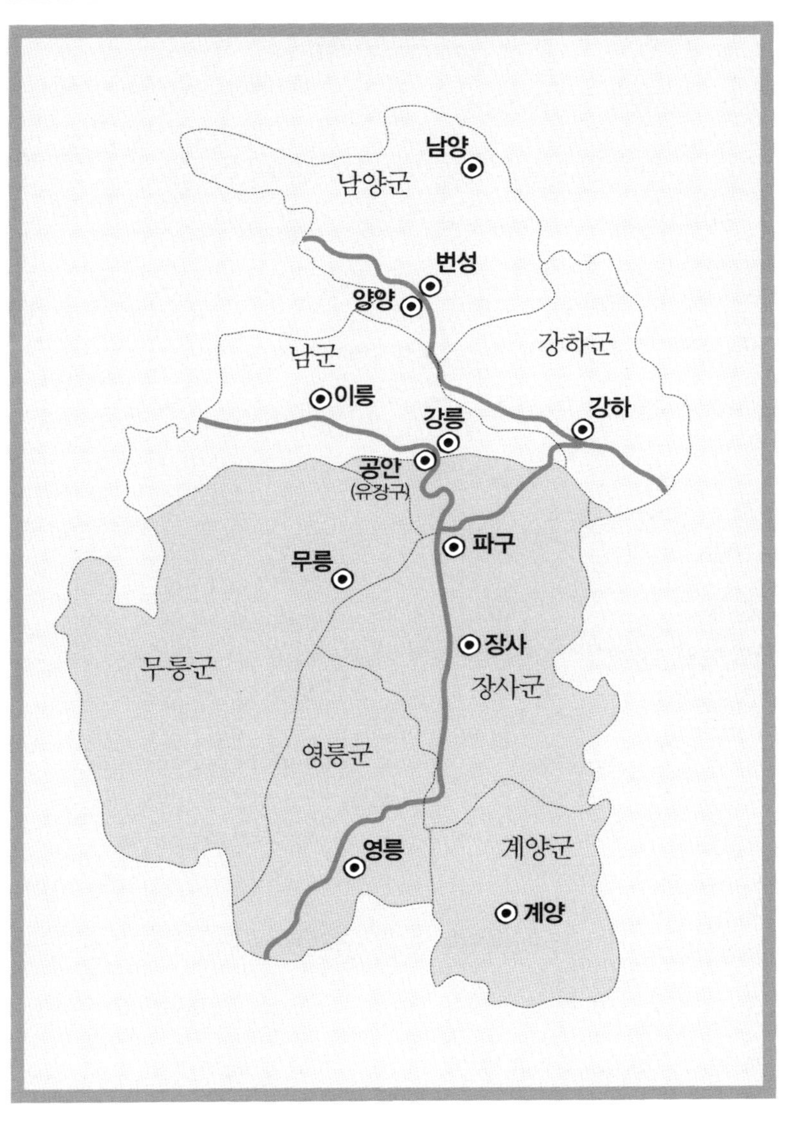

장하자 곧 1만 병력이 유비 군과 맞붙게 되었다. 그러나 형도영은 힘 한 번 쓰지 못하고 장비와 조자룡에게 사로잡혔다. 형도영은 유도를 생포하겠다는 조건으로 풀려났지만 계략을 꾸민 것이 발각되어 조자룡에게 죽임을 당하고 말았다.

한편 장비는 유도의 아들 유현을 사로잡았다. 공명은 유현을 불러 아버지를 설득하라는 명을 내렸다. 유현은 영릉성에 돌아가 공명의 훌륭한 인격과 유비 군에게 대의가 있음을 자세히 설명하며 유도에게 항복할 것을 권유했다. 원래 항전 의사가 없었던 유도는 유비의 진영으로 가서 투항했다. 공명은 유도를 그대로 영릉 태수로 삼고, 유현은 양양으로 파견해 군에 복무하도록 했다. 곧 유비 군은 영릉에 입성했다. 유비 군의 군율은 엄격했고 유비가 백성을 따듯이 보살펴주었기 때문에 영릉군의 백성들이 모두 기뻐했다.

한편 조자룡이 군사 3천 명을 이끌고 계양으로 진군하자 태수인 조범은 투항했다. 이번에도 조범에게 그대로 태수 직위를 맡겼다.

무릉으로는 장비가 달려갔다. 무릉의 종사 공지는 "유비현덕의 인덕은 천하에 널리 알려져 있습니다. 또한 한나라 황제 황숙이기도 합니다. 장군인 장비 역시 매우 용맹스러운 자이므로 결코 저항해서는 안 됩니다."라며 출전을 만류했다. 그러나 무릉 태수 금선이 손수 군사를 이끌고 장비와 맞섰다. 순식간에 전세는 결정되었고 금선은 꽁무니를 뺐다. 마침 무릉성 성벽 위에 있던 공지 수하의 병사들이 화살을 쏘아 금선을 쓰러뜨렸다. 공지는 백성들과 함게 유비에게 태수의 직위를 바치며 항복했다. 이에 크게 기뻐한 유비는 공지에게 무릉 태수 직위를 맡겼다.

유비 군의 연전연승 소식을 들은 관우는 유비에게 답장을 보내 간청했다.

"장사는 아직 손을 대지 않은 곳이니 반드시 제가 공을 세우게 해 주십시오."

크게 기뻐한 유비는 서둘러 장비를 보내 관우를 불러오도록 했다.

장사 태수인 한현은 평소 악정을 일삼아 많은 사람들의 노여움을 사고 있었다. 마음에 들지 않는 사람은 함부로 죽이는 난폭한 자였다. 그러나 그 밑에는 형주의 예전 태수였던 유표를 섬기며 용맹스러움을 떨쳤던 노웅 황충이 있었다.

공명은 출전에 앞서 관우에게 주의를 당부했다.

"황충은 그 나이가 60에 가깝지만 만 명이 쳐들어와도 쓰러뜨리기 힘든 호걸이라고 들었습니다. 결코 얕봐서는 안 됩니다. 또한 활의 명수이기도 하지요. 많은 수의 군사를 데려가는 것이 좋을 것입니다."

황충의 활 솜씨는 백발백중으로, 겨냥한 목표물을 빗겨간 적이 없었다. 그러나 관우는 이에 아랑곳하지 않고 500명의 기병과 함께 당당히 출전했다.

첫 전투에서 관우는 한현의 장수 양령을 단칼에 베어 죽였다. 그 여세를 몰아 성벽에 도착하니 500명가량의 기병을 이끈 한 명의 늙은 장수가 현수교를 건너오고 있었다.

네가 황충이로구나, 관우는 이렇게 말하고 기세 좋게 말을 달리며 격렬하게 싸웠다. 100합이 넘도록 결판은 나지 않았다. 그럼에도 황충은 전혀 지치는 기색이 없었다. 관우는 내심 놀랐다. 마침 징이 울리자 황충이 군을 이끌고 성내로 철수했다. 태수 한현이 황충을 걱정해 군을 철수시킨 것이다. 관우도 후퇴해 성 근처에 진을 쳤다.

다음 날, 두 사람은 다시 맞붙었다. 60합이 넘도록 계속 칼을 주고받자 양군의 병사는 전투도 잊은 채 갈채를 보냈다. 관우는 도주하는 척 하며 황충을 가까이 오게 한 뒤 갑자기 공격하는 작전을 쓰기로 했다. 뒤를 쫓는 황충이 관우에게 다가선 순간, 관우는 말을 멈추고 뒤돌아 황충을 베려고 했다. 그런데 그 순간 황충의 말이 비틀거리더니 황충을 떨어뜨렸다. 관우의 청룡검이 황충의 가슴에 닿았지만 그 칼이 가슴을 찌르지 않았다.

"말을 바꾸어 타고 와라. 이 위에서 다시 승부를 겨루고 싶다."

관우는 그 자리에서 황충을 벨 수도 있었지만 요행으로 승리하기에는 아까운 상대라고 생각했다. 황충과는 정정당당히 싸워 이기고 싶었다. 황충은 주저앉은 말을 끌고 성으로 돌아갔다.

다음 날, 두 사람은 다시 만나 싸웠다. 이번에는 황충이 말머리를 돌려 도망쳤고 관우가 그 뒤를 쫓았다. 황충은 어제의 은혜를 생각해 화살을 메기지 않은 채 활시위만을 당겼다. 관우가 몸을 피했지만 날아온 화살은 없었다. 다시 빈 활시위 소리가 울렸다. 관우가 이를 아랑곳하지 않고 계속 추격하자 이번에는 활시위 소리와 함께 활이 날아왔다. 황충의 활은 백발백중이다. 그러나 화살은 투구의 끈을 끊었을 뿐이었다. 관우는 위기감을 느끼고 그 자리를 벗어나 일단 후퇴했다.

공명이 그러지 않았는가, 황충은 백보 떨어진 곳에서 버드나무 잎을 명중시킬 만한 명궁이라고. 황충이 일부러 화살을 빗나가게 쏜 것은 어제의 답례일 것이라고 관우는 생각했다.

황충이 성으로 돌아가자 갑자기 병사가 달려들어 그를 붙잡았다. 황충은 태수 한현 앞으로 끌려갔다.

"황충, 자네는 관우와 은밀히 내통하고 있는 것이 아닌가. 지금껏 단 한 번도 목표물을 빗나간 적이 없는 활이 아니었는가. 이는 명백한 배신이다. 자네를 베지 않으면 훗날 화근이 될 것이다."

태수 한현은 이렇게 말한 다음 황충을 성문 밖으로 끌고나가 목을 베라고 명령했다. 여러 장수가 구명하려 했지만 한현은 완강했다.

"황충을 옹호하는 자는 같은 벌로 죄값을 물을 것이다."

칼이 황충의 목을 겨누었다. 그때 장정 한 명이 불쑥 튀어나와 병사를 베고 황충을 구해냈다. 훗날 유비의 부하가 된 위연이었다. 위연이 백성들에서 외쳤다.

"한현만큼 포학한 자를 본 적이 있는가. 그는 백성 따위 안중에 없다. 그런 자가 사라지면 이곳 장사는 살기 좋은 고장이 될 것이다. 힘을 모아 한현을 몰아내지 않겠는가."

한현의 악정을 참아온 백성들이 우르르 모였다. 위연은 한현을 추격해 단칼에 베고 관우에게 그 목을 바쳤다. 이로써 유비 군은 영릉, 무릉, 계양, 장사의 4군을 장악하게 되었다.

: 월마트, 마이크로소프트의 키스톤(keystone) 전략 :

이 대목은 적벽대전 후 유비가 세력을 키우고 영토를 확장해 가는 과정 가운데 하나를 발췌한 것이다. 이 장에서 주목하고 싶은 것은 4군을 어떻게 공략했는가 하는 점이 아니다. 유비가 왜 이 4군을 손에 넣으려 했는가가 중요하다. 이 대목에서 우리는 모든 전략의 토대가 되는 중대한 교훈 한 가지를 배울 수 있다.

경영자 중에는 자사의 이익을 유일한 목적으로 여기는 사람이 있다. 그들은 자사의 실적을 올리기 위해 거래처를 희생시키기도 한다. 그러나 성장하는 기업은 공통적으로 혼자서만 살려고 하지 않는다.

처음 유비가 형주의 4군에 매력을 느낀 것은 재화나 식량이 풍부했기 때문이었다. 그러나 유비는 재화나 식량 못지않게 백성을 풍요롭게 하겠다는 대의 역시 중시했다. 유비가 보살펴야 할 사람은 그 가신만이 아니었다. 그를 따르는 백성도 돌보아야 했다. 영토를 얻으면 모두를 풍족하게 할뿐더러 그 힘으로 대의를 완수하려는 포부를 품고 있었던 것이다. 그래서 백성의 사랑을 받는 두 곳의 태수는 그대로 두었고, 백성의 소리에 귀를 막은 두 곳의 태수는 바꾸었다. 유비는 한왕조의 부흥이라는 목적과 백성의 안녕을 따로 떼어 생각지 않았다.

이를 비즈니스 이론에 대입해 보자. 거래처와의 관계에 있어 우리 회사나 혹은 경영자는 어떤 자세를 취해야 할까. 이를 알기 위해서는 '키스톤 전략'이 참고가 될 수 있다. 이 이론은 자사와 관련 있는 기업 전체를 하나의 생태계로 보는 것이 특징이다. 이 전략을 주장한 사람은 〈키스톤 전략〉의 저자 마르코 이안시티(Marco Iansiti)와 로이 레비언(Roy Levien)이다. 키스톤 전략은, 작은 회사를 이끄는 도전자가 알아야 할 필수 지식이자 세력을 확장하기 위한 필수 이론이라고 할 수 있다.

미국의 유통 공룡 월마트는 상품 거래처 회사 및 상품을 운반하는 운송업자, 상점의 토지·건물과 관련된 부동산업자, 파트타임 근로자를 소개하는 인재 파견업자 등 여러 기업과 서로 영향을 주고받으며 네트워크를 구축하고 있다. 이를 하나의 생태계로 보고 생태계 전체를 발전시키기 위한 전략에 힘을 쓴다. 이것이 키스톤 전략의 근본적인 사고방식이다. 월마트 및 마이크로소프트는 일찍이 자사를 둘러싼 환경을 생태계로 보는 것이 중요하다는 사실을 깨달았다.

월마트는 상품조달 시스템을 구축할 때 일부 정보를 공급자와 공유했다. 이전까지는 매상 및 재고수량 등의 정보를 공급자에게 제공하지 않았다. 그러나 이 시스템에 의해 공급자는 거래처 내부의 정보를 손쉽게 얻을 수 있게 되었다. 그 결과 6% 가까운 가격인하를 이룰 수 있었다.

마이크로소프트는 윈도우 애플리케이션 소프트웨어를 개발하는 거래처에 툴 및 자사기술을 제공했다. 이와 같이 시스템을 개혁

하자 생태계에 속하는 거래처 기업에서 신상품을 잇달아 발매하기 시작했다. 이는 당연히 마이크로소프트로서는 반길 일이었다.

월마트 및 마이크로소프트와 같은 회사를 키스톤 기업이라 부른다. 공급자에게 이익이 되는 일을 하는 것은 자사의 손해가 아니다. 가격 하락이나 효율적인 개발 등의 효과를 얻을 수 있으므로 자사는 경쟁우위를 확보할 수 있게 된다.

키스톤 기업은 생태계 안의 다른 기업에 이익을 주기 때문에 그 기업이 소멸하면 생태계 안의 다른 기업도 큰 피해를 입게 된다. 과거 월드컴이 파산했을 때 전기통신기기 및 부품 공급자 등 여러 곳이 피해를 입은 것이 좋은 예이다.

유비를 기업에 비유하면 맨 처음에는 관우와 장비 두 사람뿐인 소규모 회사에 지나지 않았다. 하지만 삼국을 정립할 무렵에는 키스톤 기업으로 성장해 있었다. 유비는 자신의 이익만이 아니라, 국가에 속하는 구성원 전체의 발전을 추구했다. 유비 밑으로 들어가면 백성 모두가 행복해졌다. 이것이 국력을 강화하는 길이 된다.

키스톤 기업이란 유비와 같이 생태계 전체의 발전을 생각하는 회사를 말한다. 그렇다고 자신을 희생시키는 것은 아니다. 키스톤 기업 자신도 결과적으로 경쟁력을 높일 수 있기 때문이다.

또한 마이크로소프트 및 월마트가 그랬던 것처럼 키스톤 기업은 전보다 강한 힘을 얻게 된다.

도요타 생태계에는 세계 1위 공급자 기업이 있다

우리는 키스톤 전략을 도전자 기업 입장에서 생각해 볼 수 있다. 달리 말해 키스톤 기업이 마련한 생태계의 일원이 되는 방법이다.

키스톤 기업은 월마트나 마이크로소프트, 도요타와 같은 대기업으로 사회적 신용이 두텁다. 도전자 기업이 신용 있는 회사와 거래를 맺으면 고객층이 확대되고 새로운 파트너도 만들 수 있다.

예를 들어보자. 도요타의 부품 공급자가 되면 무엇이 좋을까? 안정된 수주? 물론 그렇다. 그러나 이보다 더 큰 이익은 사회적인 신용을 얻게 된다는 점이다.

도요타에 부품을 공급하는 것은 쉬운 일이 아니며 특히 가격 및 안정 공급에 대한 요구는 매우 까다롭다. 자동차 원가를 낮추기 위해 부품제조회사에 20~30%의 가격인하를 요구하는 일도 흔하다. 더구나 요구하는 품질 기준을 통과해야 하고 도요타가 요구하는 날짜에 정확히 납품해야 한다. 이처럼 까다로운 요구를 충족시켜야 하기 때문에 '도요타에 납품하고 있다'는 사실만으로 기업의 신뢰는 높아진다.

실제 도요타를 중심으로 한 기업 생태계는 어떨까.

도요타의 공급자는 어느 면에서나 일류기업이라고 할 수 있다. 최근 자동차산업에서는 친환경 자동차인 하이브리드카가 주목받고 있는데 가장 앞서나가는 것은 도요타 프리우스이다. 여기에 탑재된 하이브리드 시스템은 도요타 계열의 하나인 '아이신 정기'가 공급하고 있다. 아이신 정기는 자동변속기 개발에서 세계 1위를 달리고 있는 기업이다.

아이신 정기 외에, 스티어링 분야의 세계 1위인 제이테크, 베어링 분야에서 일본 내 1위인 일본정공 등 도요타 공급자 중에는 특정 제품분야에서 세계 1위 기업이 줄지어 있다.

'덴소사'는 도요타 공급자 가운데 규모가 가장 큰 회사로 일본최대 자동차부품 제조회사이다. 전 세계 30개국 이상의 나라와 지역에 거점을 확보하고 있으며, 사원 수는 약 11만 명에 이른다. 2009년도 3월 연결판매액은 3조 1,426억 엔. '덴소사'는 자동차산업회사 중 도요타, 혼다, 닛산에 이은 제4위를 차지하고 있다. 전 세계 부품 제조회사를 대상으로는 미국 델파이사, 독일 로베르트 보슈사에 이어 3위에 올라 있다.

덴소의 높은 기술력은 제품군 및 이용 차종을 살펴보면 이해하기 쉽다. 예를 들어 디젤차의 경우 배출가스에 포함되는 유해물질을 줄이는 기술인 '코먼 레일 시스템'을 보유하고 있다. 이 시스템을 생산하는 회사는 전 세계적으로 덴소사와 독일 로베르트 보슈사뿐이다.

도요타를 교두보로 삼은 도시바

1990년 초 사무용 기기를 주로 생산하는 도시바가 도요타에 5.9인치 TFT 컬러액정을 공급했다. 이 컬러액정은 고급차에 장착되는 것으로, 화면에는 내비게이션 및 차체 각 부분의 동작현황이 표시된다. 당시 TFT 컬러액정 시장은 개발 초기단계였지만 10년 후에는 2조 엔 산업으로 성장할 것이라는 예측이 많았다. 도시바는 시장공략을 위한 교두보로 일본 최대 자동차 제조회사인 도요타에 액정을 공급하기로 결정했다.

그런데 TFT 컬러액정 개발은 쉬운 일이 아니었다. 자동차는 휘도 및 진동, 열에 대한 내성 등 모든 면에서 요구되는 사양이 사무용 기기보다 높다. 원래 복사기, 팩스 등의 OA 기기는 일반적으로 사무실 내 실온을 기준으로 그 사양이 정해진다. 작동 시 내열온도의 경우 35~40℃면 충분하다. 그러나 자동차는 엔진룸에서 열을 받기 때문에 내열온도 90℃ 이상에서 견딜 수 있는 품질이 요구된다. 또한 자동차 주행 시의 안전을 고려하여 OA 기기보다 액정화면을 쉽게 볼 수 있도록 만들어야 한다.

그래도 역시 도요타의 거래처가 되면 안정적인 판매가 가능해진다. 아울러 차종이 늘어날 때마다 시장 역시 확대된다. 수주량이 늘어나면 가격인하가 가능해지기 때문에 도시바의 주력사업인 OA 기기 시장에서 경쟁하기도 좋다. 까다로운 요구조건을 만족시켜 개발에 성공한 도시바는 도요타 생태계 일부에 속하게 되었다.

그 후 도시바는 자동차용 TFT 컬러액정의 개발·생산을 시작했다. 2009년 현재 자회사인 도시바 모바일 디스플레이사는 자동차 이외의 분야인 노트북 및 데스크톱용 PC 모니터, 또 산업용인 FA·POS용 고휘도 액정 등의 분야에서 큰 성과를 올리고 있다. 처음 목표한 대로 순조롭게 사업이 전개되었다.

2007년에는 차에 쓰는 원형 액정 디스플레이를 개발했다. 이 분야에서는 매우 획기적인 일로, 다시 한 번 도시바 모바일 디스플레이의 높은 기술력을 증명하는 계기가 되었다. 기존의 액정 디스플레이는 가로나 세로로 긴 사각형이 전부였다. 그러나 도시바는 독자적인 저온 폴리실리콘 기술을 사용해 직경 75mm의 원형 외형을 제작하는 데 성공했다.

키스톤 기업의 생태계에 속하는 일 역시 쉬운 것은 아니지만, 생태계의 일부가 된 후 더 큰 노력이 필요하다. 그러나 키스톤 기업의 수준을 만족시키기 위한 끊임없는 노력 덕분에 사업 확장의 가능성은 더욱 커진다.

세븐일레븐을 만족시킨 노무라 종합연구소

노무라 종합연구소는 1980년대에 이미 '세븐일레븐'의 정보시스템 업무를 담당한 바 있다. 이때 올린 실적이 고객사인 세븐일레븐의 높은 평가를 받았다. 1990년대 초 세븐일레븐은 하와이에 위치한 58개 점포에 POS 시스템 등의 정보 네트워크에 의한 효율경영을 도입하기로 결정했다. 이때 세븐일레븐은 노무라의 실력을 익히 알고 있었기 때문에 그들을 개발·운용의 판매업자(vendor)로 선정했다.

그 후 노무라 종합연구소는 이토요카도의 아이와이카드를 개발하는 등 세븐&아이홀딩스에서 큰 성과를 올렸다. 최근 세븐&아이홀딩스에서 유통업 최초의 전자머니 나나코를 발행했을 때도 노무라 종합연구소가 검토 및 개발 과정에 참여했다. 전자머니 나나코의 개발 당시, 노무라 종합연구소는 시스템 기반, 개발, 운용, 컨설팅을 담당하는 각 부서에서 인재를 발굴해 팀을 결성하고 시스템 및 서비스 내용을 구축할 수 있도록 지원했다. 불과 1년 반이라는 단기간에 이 시스템의 설계 및 개발이 이루어졌는데 이는 그간의 노하우가 축적된 결과였다.

마침 그 무렵 일본 대형은행의 합병이 잦아지며 은행의 개편이 가속화되고 있었다. 새롭게 탄생한 은행들은 실력이 자자한 노무라 종합연구소에 합병에 따른 시스템 개발 업무를 맡기기 시작했다. 또한 인터넷 증권 시스템의 수요가 증가하면서 노무라의 입지가 확대되었으며, 구(舊)일본우정공사 투자시스템 개발 및 유지와 관련된 안건도 노무라의 차지가 되었다. 현재도 제조업과 관련된 안건 수주가 늘고 있는 추세이다.

노무라 종합연구소의 성장 기점에는 '세븐일레븐'의 획기적인 유통 시스템 개발이 존재한다. 노무라는 이를 바탕으로 고객층을 넓힐 수 있었다. 2005년에는 매상과 경영이익이 모두 증가했으며 2008년까지 실적은 계속 향상되었다. 2009년에는 IT에 투자하는 사람이 줄어 시장이 축소되었지만 공격이 최선이라는 판단 아래 매출 향상에 주력하고 있다.

노무라 종합연구소의 가장 큰 장점은 '토털 솔루션'의 제공에 있다. 고객의 문제를 예측해 해결방향으로 이끌어주는 '내비게이션'에서부터 구체적인 해결책을 제시하고 실시·운용하는 '솔루션'까지 이른바 풀라인의 일관된 서비스를 갖추어 고객 기업의 가치를 높여준다. 이런 서비스를 눈에 보이는 형태로 실현한 것이 세븐일레븐 시스템의 개발이며 이것이 새로운 고객층 확보로 이어진 것이다.

성장의 벽(stall point) ──────────────

기업을 경영하다 보면 자만에 빠지는 순간이 찾아오기 마련이다. 실적이 좋아 매출이 상승곡선을 그리던 기업이 어느 순간 하향세로 접어드는 일이 빈번하다. 한번 추락한 비행기는 다시 정상 궤도로 진입하기 힘들다. 마찬가지로 하락세에 접어든 기업은 예전의 좋았던 시절로 돌아가기 힘들다.

'성장의 벽(stall point)'이라는 말이 있다. '하버드 비즈니스 리뷰'에 실린 '매출이 멈추는 시기'라는 제목의 논문에 소개된 말이다. 이 논문은 우수한 실적을 자랑하던 기업이 왜 성장이 둔화되거나 멈추는지 조사한 내용을 담고 있다.

그 중의 하나가 자주 들어왔던 '성공의 덫'이다. 기업이든 인간이든 일단 성공을 거두게 되면 거만을 떨기 쉽다. 주위의 충고에 아랑곳하지 않게 되고, 세상의 변화에 둔감해진다. 자신이 손대는 일은 무엇이든 잘 될 것이라는 근거 없는 확신을 갖게 되고 여유를 부리는 나머지 신규 사업 개발과 신기술 투자에 소홀하게 된다. 신규제품은 점점 줄어들고, 어느 날 문득 사태가 심상치 않음을 깨달았을 때는 버스가 떠난 뒤이다.

우수한 기업도 예외는 없다. 3M과 같은 기업도 '성장의 벽'에 종종 부딪친다. 일시적으로 선두를 차지하고 확실한 승자가 되었더라도 자신을 냉정히 돌아보고 현실을 직시하여 다음 한 수를 신중히 착수하는 기업이 진정한 승자로 발돋움할 수 있다.

8장 와구관공방

이가 없으면
잇몸으로,
중요한 것은
턱의 힘이다

핵심역량과 역량 이론

와구관공방

■ 장비 상대의 허를 찌르다

2년 반의 전투 끝에 유비는 유장을 무너뜨리고 익주를 손에 넣었다. 한편 조조는 한중의 장노를 공격하여 세력권을 확대했다. 이듬해, 조조는 황제로부터 위나라 왕에 책봉되었다. 그 무렵 유비의 한중 공략이 개시된다. 조조는 조홍에게 대군을 주어 한중에서 유비 군에 맞서게 했다. 첫 전투에서 조홍 군의 장합이 장비의 주둔지인 파서를 공격한다. 그러나 싸움에 패한 장합은 군을 이끌고 와구관에 틀어박혔다. 장비는 밤낮으로 와구관을 공격했지만 장합은 꿈쩍도 하지 않았다.

정면에서 어떻게 공격해야 좋을지 모를 때에도 승리의 기회는 반드시 찾아낼 수 있다. 장비는 와구관을 어떻게 무너뜨린 것일까.

장비는 와구관 앞에서 팔짱을 긴 채 생각에 잠겼다. 연일 공격을 퍼붓고 있지만 와구관의 문은 열릴 줄 몰랐다. 와구관은 천혜의 요새였다. 성벽에 매달릴 틈도 없이 적군으로부터 화살이 날아왔다. 제아무리 장비라도 정면 공격은 어려웠다. 장비는 일단 20리 정도 군을 후퇴시킨 후 위연과 함께 소수의 병사만을 데리고 다시 와구관 가까이 정탐을 나왔다.

"정면을 뚫기는 불가능하다. 혹시 와구관에 이르는 뒷길은 없는가."

장비는 와구관이 멀리 바라다 보이는 곳에 올랐다. 산세는 험했고, 틈은 보이지 않았다. 장비는 주변을 둘러보았다. 그때 길이라고 생각할 수 없는 산골짜기를 덩굴에 매달려 올라가는 사람의 모습이 보였다. 짐을 짊어진 남녀 한 쌍의 농부였다.

"저 농민들을 데리고 와라. 결코 겁을 주어서는 안 된다."

농민들이 도착하자 장비는 온화한 얼굴로 물었다.

"어디서 와서 어디로 가려고 했던 것이냐?"

"저희는 모두 한중에 살고 있습니다. 큰길로 가려고 했지만 전쟁이 한창이라는 소문을 듣고 창계를 빠져나와 재동산 뒷길을 통해 집으로 돌아가는 중이었습니다."

재동산 뒷길은 와구관의 바로 뒤쪽과 통해 있다고 했다. 크게 기뻐한 장비는 위연에게 정면에서의 총공격을 명하고, 자신은 5백 명 가량의 군사를 데리고 농민의 안내를 받아 뒷길로 들어갔다. 위연

:: 익주 ::

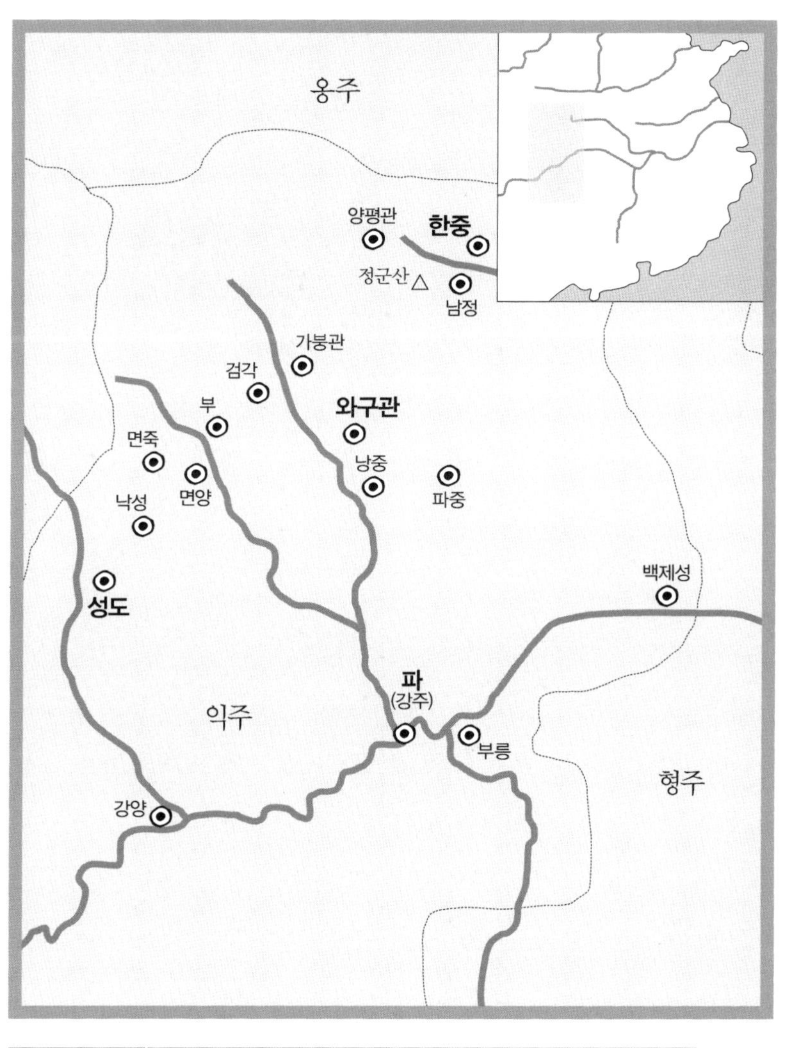

이 전 병력을 일으켜 와구관으로 몰려왔다.

"이 와구관은 쉽사리 함락되지 않는 천혜의 요새이다. 어리석은 놈들이구나."

장합은 코웃음을 친 후 갑옷을 입고 요격(공격을 기다리고 있다가 도중에서 맞받아침) 지휘에 나섰다. 수차례 공격을 받아도 와구관은 쉽게 무너지지 않을 것이며, 머지않아 장비 무리는 지칠 것이다. 조홍의 원군을 기다려 협공하면 이길 수 있을 것이라고 장합은 생각하고 있었다. 그 때 장합에게 전령이 달려왔다.

"큰일 났습니다. 뒤쪽 곳곳에서 불길이 치솟고 있습니다."

장합은 뒤돌아보았다. 검은 연기가 치솟고 있었다. 장합이 방어전에 신경을 팔고 있는 사이 장비가 와구관 뒤편으로 접근하여 불을 질렀던 것이다.

"도대체 적이 어디서 들어왔다는 것이냐."

깜짝 놀란 장합이 군대를 돌렸다. 그러나 장비가 휘두르는 창은 감당키 어려웠다. 도저히 버틸 재간이 없다고 생각한 장합은 줄행랑을 쳤다. 장비의 맹추격에 쫓겨 조홍의 진영에 도착했을 때는 겨우 10명 남짓의 병사들만이 장합의 뒤를 따르고 있었다. 대패였다.

이 무렵, 조조는 합비에서 손권이 직접 이끄는 오나라 군과 싸우고 있었다. 전투는 조조의 판정승이었다. 손권을 제거하지는 못했지만 충분히 견제하는 데 성공했다. 그 후 한중으로 군사를 이끌고 가서 장노를 평정한 다음, 조조는 한나라 황제에 간청해 위나라 왕의 지위에 올랐다. 큰 재력과 풍부한 인재, 압도적인 병력을 자랑하는 위나라는, 익주를 얻은 뒤 촉나라를 세운 유비에게는 여전히 버거운 상대였다.

장비가 와구관에서 승리를 거둔 후, 유비는 한중에 군사를 보내 위나라 군에 도전장을 던졌다. 그리고 양군은 정군산에서 충돌했다. 노장인 황충과 엄안, 그리고 장비, 조자룡 등이 용감히 싸워 유비 군은 승리를 거두었다. 위나라 군은 많은 사상자를 내고 한중에서 후퇴할 수밖에 없었다. 마침내 유비는 조조와 싸워 이기고 한중을 수중에 넣었다. 유비가 비로소 한중왕의 자리에 올랐다.

IBM의 거스너(Gerstner) 개혁

1993년 루이스 거스너(Louis V. Gerstner)는 파산 상태에 놓인 IBM의 CEO에 취임하여 기울어가는 거함을 다시 정상 궤도로 올려놓았다. 당시 그가 추진했던 사업을 일명 '거스너 개혁'이라고 부르는데 한마디로 서비스 개혁이었다. 1992년까지 판매액의 절반 이상을 차지했던 하드웨어 판매비율을 대폭 줄이고, 사업 비중이 작았던 서비스 분야를 대대적으로 지원하여 2001년에는 당당히 판매비율 1위에 오르도록 만들었다. 거스너가 서비스 개혁을 추구했던 이유는 무엇일까.

과거 IBM은 컴퓨터 산업의 최강자로 군림했다. 그러나 거스너가 취임했을 당시, IBM은 침체상태에 빠져 있었다. 1991년 3월, IBM은 창업 이래 처음으로 적자를 기록했다. 직접적인 원인은 회계처리 변경에 의한 특별손실 계상이었지만 그래도 하드웨어 판매수입의 감소 등 수익 하락이 심각한 상황이었다. 인원 감축을 실시하는 등 자구책을 마련했지만 예전의 초우량기업으로는 돌아가지 못할 것이라는 예측이 무성했다.

IBM은 1960년대에 시스템 360을 히트시킨 이후, 기업의 기간업무에 이용되는 대형 컴퓨터를 판매하며 성장해 왔다. 그러나 1980년대 들어 소형 컴퓨터가 인기를 끌자 IBM의 대형제품은 고객의 외면을 받았다. 개발 초기에는 획기적이었던 시스템 360은 시대에 뒤떨어진 물건이 되었다. 또한 오랫동안 초우량기업으로 군림했던 탓에 IBM의 기업문화에는 '고객은 2순위'라는 인식이 자리 잡고 있었다.

고객을 최우선으로 여기지 않은 이유는 무엇일까. 1960~70년대 컴퓨터 산업의 특징을 살펴보면 어느 정도 답을 찾을 수 있다. 당시 고객들은 IBM 제품을 보면서 이 제품으로 할 수 있는 일이 무엇인지에 관심을 쏟았다. 그러다 보니 IBM 입장에서는 고객의 요구를 이해하기 전에 기술적으로 자신들이 '가능한 것, 만들 수 있는 것'에 주목하게 되었다. 이런 인식에 푹 젖은 나머지 안일한 기업문화에 빠지게 되었으며, 불행히도 '시대의 흐름에 발맞추는 것이 중요하다'라든가 'IBM에는 변화가 필요하다'고 주장하는 지도자가 나타나지 않았다.

IBM의 대기업병을 치유하기 위해 투입된 사람이 거스너였다. 그의 역할은 IBM 개혁이었다. 거스너가 가장 먼저 손을 댄 일은 대형 컴퓨터 중심의 기업에서 서비스 중심의 기업으로 거듭나는 것이었다. 원래 IBM의 서비스사업은 하드웨어 사업의 부수적인 사업에 지나지 않았다. 마침 IBM의 서비스 지원은 친절도 평가에서 높은 점수를 얻고 있었다.

그러나 거스너가 생각하는 서비스는 단순히 제품 수리 및 클레임 대응에서 끝내는 수준이 아니었다. 고객의 요구사항을 더욱 깊이 이해하는 서비스였다. 지금으로 말하면 솔루션 제공을 의미한다. 거스너는 고객의 사업에 맞춰 이용 가능한 기술을 통합해 고객의 가치를 높일 수 있는 서비스가 필요하다고 예상했다.

마침 소비자들도 하드웨어 제공을 넘어선 서비스에 목말라하기 시작했다. 솔루션 사업은 하나의 시장으로 자리를 잡았으며, 점점 규모가 커졌다. 그에 따라 IBM의 서비스 사업도 성장해 갔다.

IBM은 고객 대상의 IT 컨설팅에 주력했다. 고객이 안고 있는 문제를 이해하고 해결책을 제시해 고객의 실적향상에 기여했다. 이와 같은 영업 방식이 순조롭게 추진될 수 있었던 것은 긴 역사를 자랑하는 IBM의 우수한 기술력 덕분이었다.

1996년도 IBM의 판매액은 거스너 취임 직전인 1992년과 비교하면 19% 증가되었다. 거스너 취임 당시 IBM은 적자였으나 1996년도에는 54억 달러의 흑자를 기록했다. 주가는 1993년 8월에 비해 3배 올랐다. 성장노선이 확실히 정착했다고 할 수 있다.

'삼국지'에서는 장비가 와구관을 공격할 때 정면이 아닌 뒤쪽의 험난한 길을 이용했다. IBM의 대형 컴퓨터는 와구관으로 치면 정면 공격과 같은 것이다. 그러나 시대는 더 이상 대형 컴퓨터를 필요로 하지 않았다. 그래서 IBM은 서비스라는 새로운 공격 전략에 눈을 돌려 수익을 올렸다.

네오맥스(NEOMAX), 자동차 시장에 뛰어들다

지금까지 추진해 왔던 사업이 벽에 부딪히자 다른 길을 찾아내는 데 성공한 기업은 IBM만이 아니다. 영구자석, 자기 센서 등을 취급하는 특수소재 제조회사인 '주식회사 네오맥스(현 히타치금속)'라는 회사가 있다. 2000년까지 주력제품은 고성능 자석이었다. 이 제품은 컴퓨터 외부기억장치인 하드디스크와 CD 데이터판독기 분야에 이용되고 있었다. 그 밖에 휴대전화에 탑재되는 초소형 스피커 등도 주력제품으로 생산하고 있었다. 1994년 3월에는 적자결산을 기록했지만 그 후 실적 호조로 흑자결산이 계속되고 있었다.

그런데 2000년을 기점으로 IT 산업이 불황의 늪으로 빠져들었다. 주력제품인 컴퓨터 하드디스크용 고성능 자석의 가격이 하락하고 판매액이 감소했으며, 믿었던 휴대전화용 네오맥스 자석마저 매출이 떨어졌다. 2002년 3월 연결결산에서는 약 20억 엔의 적자를 기록했다. 이 중에는 조기퇴직자 모집에 따른 퇴직 가산금 등 특별손실도 포함되어 있지만 주원인은 판매액의 감소였다. 연결판매액은 690억 엔으로 전기 대비 26% 감소했다. 다음 해인 2003년도 역시 연결결산에서 적자를 기록해 2분기 연속적자라는 위기를 맞았다. IT 관련 제품에 의존해서는 충분한 수익을 거둘 수 없는 지경에 이르렀다. 새로운 분야로 진출하지 않으면 회사가 몰락할 수도 있었다.

이 때 네오맥스가 큰 전기를 맞이한 것이 바로 자동차 관련 산업으로의 진출이었다.

1997년 도요타에서 세계 최초의 하이브리드 승용차 프리우스를 판매하기 시작했다. 기존 차량과 비교하면 하이브리드 차량은 충전을 비롯해 여러 부분에서 고도의 전기적 신기술이 요구된다. 그 중에서도 주행에 관련된 주요부품인 '자동차용 모터'는 고성능 영구자석을 사용하지 않으면 그 사양을 만족시킬 수 없었다.

당시 모터에 사용되는 영구자석은 페라이트(ferrite) 자석이 대부분이었다. 하이브리드 차량의 모터를 효율적으로 회전시키기 위해서는 기존의 페라이트 자석으로는 한계가 있었다. 자연스럽게 페라이트 자석보다 자기력이 10배 높은 네오맥스의 존재가 개발진의 이목을 끌게 되었다.

영구자석에는 페라이트 자석 외에 네오맥스의 주력제품인 '네오맥스'처럼 희토류를 원료로 한 자석이 있다. '네오맥스'는 1982년에 개발된 자석으로, 이후 개량을 거듭해 업계 1위의 성능을 자랑하고 있었다. 자기력이 강하고 크기가 작아 하이브리드 차량에 적합했다. 그렇게 하이브리드 차량 부품으로 채택되었지만 초기에는 판매수량이 적었다.

그 무렵, 환경문제에 대한 인식이 높아지면서 하이브리드 차량이 크게 주목받게 되었다. 프리우스의 판매가 증가함에 따라 고성능 네오맥스 자석의 수요 역시 높아졌다. 네오맥스는 절호의 기회를 놓치지 않겠다는 각오로 자동차 부품용 자석 판매에 주력했다. 새로운 길을 개척하여 판매를 증가시키겠다는 의도였다.

아울러 주행 모터 외에도 자동차 전동 파워 스티어링 등에 자사 제품의 판매를 추진했다. 자동차에는 주행 부문 외에도 다른 곳에서 모터가 사용된다. 기존에 파워 스티어링은 대부분 유압식이었지만 연비가 나빠서 전동방식으로 전환되는 중이었다. 전동방식의 경우 그 부품으로 자석이 필요했다. 그 밖에 네오맥스는 차량용 스피커 등을 도요타에 판매하기도 했다. 2002년에는 필리핀 공장라인을 건설, 네오맥스의 대량생산을 계획했다. 2003~2004년 연속 흑자를 기록한 이후, 네오맥스는 지속적으로 매출을 올렸다.

네오맥스는 지금까지 주력했던 IT 관련 시장의 정체로 벽에 부딪히고 말았다. 그러나 기존의 길을 고집하지 않고 자동차산업이라는 새로운 길을 모색함으로써 침체상태에 놓여 있던 기업을 되살려놓았다.

: 란체스터 전략과 핵심역량 전략의 차이 :

앞에서 우리는 세그먼트, 5가지 경쟁요인(5 Forces model), 가치사슬(value chain) 등에 대해 살펴보았다. 이는 하버드대학 비즈니스 스쿨의 마이클 포터 교수가 쓴 '경쟁 전략', '경쟁우위 전략' 등에 소개된 이론이다. 전략을 세울 때의 기본적인 지식이라고 할 수 있다.

이번에는 마이클 포터 이후에 등장한 전략 이론에 대해 살펴보자. 먼저 '핵심역량' 이론이 있다. 이는 오늘날 기본적인 전략 이론 가운데 하나이므로 반드시 짚고 넘어가자.

핵심역량을 주장한 사람은 경영학자인 게리 하멜(Gary Hamel)과 프라할라드(C.K. Prahalad)이다. '하버드 비즈니스 리뷰'에서는 다음과 같이 설명하고 있다.

핵심역량이란 한마디로 말하면 '타사는 모방하기 힘든 자사만의 핵심적인 조직능력'이다. 예를 들어 소니의 핵심역량은 소형화라고 할 수 있다. 소니는 이 역량을 통해 워크맨이나 비디오카메라 등의 제품을 개발했다. 캐논은 광학, 화상 처리, 마이크로프로세서 제어 등이 핵심역량이다. 캐논은 이런 핵심역량을 바탕으로 복사기, 레이저 프린터, 카메라, 스캐너라는 일견 서로 다르게 보이는 제품을 만들었다.

핵심역량 이론의 특징은 란체스터나 포터 이론과의 차이점을 살펴보면 이해하기 쉽다. 양쪽 모두 경쟁우위를 찾아낸다는 점은 같다. 차이는 시선의 방향에 있다. 포터나 란체스터 이론의 특징은 외부환경에 중점을 두고 있다. 반면 핵심역량 이론의 시선은 내부환경, 즉 기업 내부로 향해 있다. 이것이 두 이론의 큰 차이점이다.

예컨대 포터나 란체스터 이론은 지도를 펼쳐두고 어느 곳에서 싸우면 경쟁우위를 얻을 수 있을지 관심을 기울인다. 반면 핵심역량 이론에서는 '어디서 싸울 것인가'가 아니라 '무엇으로 싸울 것인가'에 관심을 기울인다. 자사의 어떤 상품에 주력할 것인가. '마이크로프로세서 제어'인가, '엔진제어'인가. 이처럼 핵심역량 이론에서는 어떤 무기를 선택할 것인지가 중요한 문제로 대두된다.

핵심역량이란 누구도 상상하지 못했던 제품을 만들어내는 조직 능력이라고도 할 수 있다. 경쟁사보다 적은 비용으로 빠르게 핵심 역량을 구축하면 경쟁우위를 점할 수 있다. 구체적인 요점은 다음과 같다.

핵심역량의 세 가지 조건

❶ 그 범위가 넓으며 여러 시장에 뛰어들 수 있는 가능성을 내포해야 한다.

❷ 최종제품이 고객에게 가치를 줄 수 있어야 한다.

❸ 경쟁사가 모방하기 어려운 것이어야 한다.

핵심역량이란 이와 같은 세 가지 조건을 만족시키는 조직능력을 의미한다.

첫 번째는 '그 범위가 넓으며 여러 시장에 뛰어들 수 있는 가능성'이다. 이것은 간단히 말하면 특정 기술의 응용력이다. 예컨대 액정 기술에 관한 역량이 있다면 소형 TV, 컴퓨터 디스플레이, 자동차 디스플레이 등 다양한 사업으로 진출할 수 있다.

두 번째 '고객에게 주는 가치'는 말할 것도 없다. 혼다, 소니, 애플 등 우량기업의 대부분이 고객을 만족시키고 있음을 알 수 있다.

세 번째 조건인 '모방하기 어려운 것'이 조건의 하나로 꼽힌 이유는, 가령 수익을 얻었다 해도 경쟁사가 쉽게 모방한다면 수익이 지속되기 어렵기 때문이다. 앞의 예로 든 네오맥스가 세 번째 조건의 좋은 예이다. 영구자석을 제조하고 있는 기업은 많지만 네오맥스와 같은 기술력을 보유한 기업은 없다. 도요타가 영구자석을 하이브리드카의 자동차 모터로 사용했다면 타사 역시 고성능 영구자석 사업을 시작하려고 할 것이다. 그러나 네오맥스처럼 성능이 좋은 영구자석을 개발·제조하는 시스템은 쉽게 구축될 수 없다. 이것이 바로 모방하기 어렵다는 뜻이다.

앞서 소개한 아스쿠르 역시 남이 따라 하기 힘든 강점을 지닌 덕분에 문구 통신판매에서 경쟁우위를 확보하는 데 성공했다. 구체적으로 말하면 경쟁사인 고쿠요는 아스쿠르가 통신판매 사업에서 승승장구하는 것을 뻔히 지켜보면서도 도매상, 소매점 등과의 밀접한 관계 때문에 새로운 사업에 뛰어들기 어려웠다. 아스쿠르의 모회사인 플러스는 고쿠요에 비해 도매상 및 판매점과의 연결고리가 느슨했다. 이것이 플러스의 단점이기도 했지만 아스쿠르는 이런 점을 장점으로 활용하여 문구 통신판매를 시도했다. 반면 고쿠요는 도매상 및 소매점에 양해를 구하는 데 시간이 걸려 시장 진입이 늦어지고 말았다.

새로운 비즈니스 모델이나 차별화된 상품을 어렵게 개발했는데 최강자가 금세 모방한다면 경쟁우위를 확보할 수 없게 된다.

IBM은 거스너 개혁 이후 실적이 향상됐다. 여기서 주목해야 할 것은 그 성공이 일시적인 것이 아니었다는 점이다. IBM의 실적 향상에 주목해 IBM의 방법을 모방하려는 기업도 등장했다. 그럼에도 불구하고 IBM은 꺾이지 않고 여전히 건재함을 과시했다. 그것은 IBM에서 거스너가 구축한 것이 핵심역량이었기 때문이다.

참고로 핵심역량과 핵심 사업을 혼동해서는 안 된다. 핵심 사업이란 전통적으로 그 회사에서 판매율이 높은 사업을 말한다. 그러나 아무리 높은 수익을 올렸다 해도 반드시 핵심역량이 될 수는 없다. 예를 들어 신문사의 핵심 사업이란 신문을 만드는 일이다. 그러나 마음만 먹으면 누구나 신문을 만들 수 있다. 만일 경쟁 신문의 등장으로 수익이 뚝 떨어졌다면 그 신문사는 핵심역량을 갖추고 있다고 보기 어렵다.

신문사의 핵심역량이란 취재를 통해 다른 신문에서는 얻을 수 없는 기사를 쓰는 능력과, 각지에 퍼져 있는 네트워크 및 브랜드 등의 독자적인 조직능력을 말한다. 자사만이 할 수 있는, 모방 불가능한 능력이 곧 핵심역량이다.

일에 필요한 능력을 갖고 있다는 사실만으로 이를 핵심역량이라고 부르지 않는다. 매우 뛰어나지 않으면 핵심역량이라고 할 수 없기 때문이다. 양자의 차이를 파악해 두지 않으면 조직을 잘못 이끌어가기 쉽다.

: 핵심역량과 비슷하면서도 다른 '역량(Capability) 이론' :

핵심역량과 이름은 비슷하지만 엄연히 다른 '역량 이론'이란 것이 있다. 혼다가 성공을 거둔 이유는 엔진 및 파워트레인과 관련된 역량이 있기 때문이라고 알려져 있다. 그러나 엔진에 관한 높은 기술력만 있으면 그 기업은 반드시 성공하는가 하는 질문을 던진다면 그렇다고 단정할 수는 없다.

1992년 '역량 경쟁 이론'이 발표되었다. 이 논문은 월마트, 혼다, 캐논 등의 기업 성공사례를 통해 역량 경쟁의 기본원칙을 설명하는 이론을 담고 있다. 이를 주장한 사람은 보스턴 컨설팅 그룹(BCG)의 시니어 파트너인 조지 스톡(George Stalk) 등이다.

그렇다면 핵심역량과 역량의 차이는 무엇일까? 핵심역량은 가치사슬 상의 특정 프로세스에서의 기술력 혹은 제조능력을 의미한다. 한편 역량은 가치사슬 전체에 미치는 능력을 말한다. 네오맥스라는 회사는 고성능 영구자석을 개발, 제조하는 조직능력을 갖고 있다. 이때 '개발 및 제조'는 가치사슬의 일부임을 알 수 있다.

가치사슬의 '판매' 및 '서비스'와 같은 다른 분야에서도 타사가 모방할 수 없는 획기적인 조직능력이 있는가 하는 문제는 또 다른 이야기다. 네오맥스에는 핵심역량(개발 및 제조)이 구축되어 있다. 그러나 역량까지 존재하는지는 더 조사해보기 전에는 모른다.

이 논문에서는 혼다가 경쟁사보다 한걸음 더 앞서나갈 수 있었던 것은 역량에 주력했기 때문이라고 주장한다. 역량 가운데 하나로 '딜러 관리' 능력을 들 수 있다. 알고 있는 바와 같이 혼다의 제품에 관한 개발 및 제조능력은 매우 뛰어나다. 한편 눈에 띄지 않는 부분이지만 혼다는 딜러 관리의 중요성을 깨닫고 있었다. 여기에 주목해 힘을 기울인 것이 혼다의 성공요인 가운데 하나가 되었다.

혼다는 제품의 개발·제조에서부터 딜러 관리까지 가치사슬 전체에서 높은 수준의 능력, 즉 역량을 갖고 있다. 경쟁의 승패는 타사보다 뛰어난 역량을 갖고 있는지, 또한 상황에 맞는 형태로 발전할 수 있는지의 여부에 달려 있다고 해도 과언이 아니다.

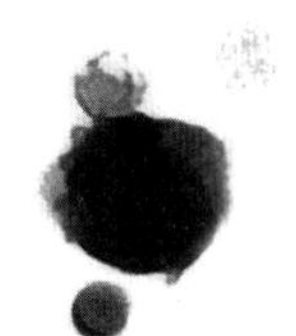

9장 유비의 복수전과 출사표

이익은 한 사람을
움직이고,
대의大義는 무리를
움직인다

전략적 의도

유비의 복수전과 출사표

■ 유비, 두 동생의 죽음 앞에 대의를 잊다

사람은 승리하기 위해 싸운다. 그렇다면 승리를 통해 무엇을 얻으려는 것인가. 만일 그 얻고자 하는 바가 사사로운 것이라면 제아무리 최고의 전략을 갖고 있더라도 궁극적으로 원하는 것을 얻지 못한다.

유비의 복수전

익주를 손에 넣고 한중을 지배하게 된 유비는 중원으로 눈을 돌렸다. 중원은 여전히 조조의 차지였다. 이 시기가 유비의 최전성기였다. 천하가 셋으로 나뉘어 위촉오의 삼국이 어깨를 나란히 했다. 유비는 조조를 물리치고 한중을 차지한 여세를 몰아 장안, 낙양을 향해 진군하는 동시에 형주의 관우를 북상시켜 조조를 양쪽에서 압박하려고 했다. 그러나 비극이 찾아왔다.

관우는 유비의 명으로 형주의 군사를 이끌고 북상했다. 조조는 우금과 방덕 두 장수에게 군사를 주면서 형주 북부로 달려가 조인을 돕도록 했다. 그리고 조조 자신은 한중 촉나라 군의 움직임에 대비하여 장안에 머물렀다. 수차례의 전투에서 조인의 군대를 물리친 관우는 양양을 무너뜨리고 번성을 포위했으며, 지원군과도 맞서 싸워 우금과 방덕을 붙잡았다. 상황은 관우에게 유리하게 돌아갔다.

다급해진 조조는 오나라 손권에게 손을 내밀었다. 마침 손권은 관우와 관계가 소원했다. 곧 오나라 군대가 관우의 등 뒤를 돌아 형주를 공격하고 강릉을 빼앗았다. 관우 없는 형주는 순식간에 무너졌다. 촉나라 장수들은 잇달아 오나라 군에 투항했다.

돌아갈 곳을 잃은 관우군은 식량마저 바닥나자 뿔뿔이 흩어졌다. 이를 기다려 위나라 군이 공격을 가했고, 끝내 관우는 패하고 말았다. 그리고 도주하던 관우는 오나라 군에 붙잡혀 참수되었다. 이 소식을 접한 유비는 충격을 받고 쓰러졌다.

삼국지의 영웅들은 점차 역사의 무대에서 사라져 갔다.

관우가 죽은 지 이듬해 조조가 병사했다. 후계자인 조비는 내분을 다스리고 후한의 헌제에게 자리에서 물러설 것을 강요하고 스스로 황제의 자리에 올라 위나라 왕조를 열었다. 건국 이래 약 400년간 이어져 오던 한나라 왕조의 최후였다. 한편 유비는 한나라 왕조의 재건을 대의명분으로 내세우고 신하들의 추대를 받아 황제의 자리에 오른 후 촉나라를 건국했다.

그런데 유비는 위나라는 제쳐두고 관우의 원수를 갚기 위해 오나라를 공격하겠다고 나섰다. 조자룡이 유비를 필사적으로 말렸다.

"지금 공격해야 할 상대는 위나라이지 결코 오나라가 아닙니다. 위나라 조비는 한나라의 황제 자리를 빼앗은 역적입니다. 하늘도 사람도 모두 이를 슬퍼하고 있습니다. 폐하께서 중원으로 말을 달리시면 천하의 의인과 용사들이 앞 다퉈 모일 것입니다. 촉나라의 적은 위나라이며, 위나라는 천하의 적입니다. 이를 무시하고 오나라를 공격한다면 전쟁은 틀림없이 길어지고 국력 또한 쇠퇴할 것입니다. 부디 이를 헤아려 주십시오."

"손권이 의형제인 관우를 죽였다. 그 한을 씻지 못한다면 짐의 마음이 풀리지 않을 것이다. 경의 어떤 말에도 짐의 결심은 변하지 않을 것이다."

"위나라를 쳐 역적을 무너뜨리는 것은 천하의 의를 바로잡고 한 왕조의 대통을 회복하는 일입니다. 그러나 관우공의 한을 푸는 것은 사사로운 일입니다. 부디 오나라를 공격하겠다는 말씀을 거두어 주십시오."

조자룡의 거듭되는 호소에도 유비는 마음을 돌리지 않았다.

그 무렵, 낭중에 머물던 장비는 술에 빠져 하루하루를 보내고 있었다. 관우가 죽었다는 소식을 들은 뒤로는 종일 술을 마시고 목 놓아 통곡하며 오나라를 향해 이를 부득부득 갈았다. 장비는 예전부터 주사가 심했다. 맘에 들지 않는 부하가 있으면 마구 때리기도 했으며 심지어는 죽이는 일까지 벌어졌다. 부하들은 장비를 슬슬 피했다.

장비는 유비가 원망스러웠다. 관우가 죽은 지 1년 반이 지났는데도 오나라에 본때를 보이지 않는 이유를 납득할 수 없었다. 하루는 장비의 승진을 전하러 유비의 사자가 찾아왔다. 장비는 이 판국에 승진 따위가 다 무어냐, 북받치는 감정을 억누르지 못하고 유비를 만나러 청두로 갔다.

"천자가 되시니 도원에서 의형제를 맺었던 일을 잊어버리셨습니까. 어째서 둘째 형님의 원수를 갚지 않으십니까. 폐하가 가지 않으신다면 저라도 다녀오겠습니다. 만일 오나라 공격이 실패로 돌아간다면 두 번 다시 폐하를 뵐 길은 없을 것 같습니다."

유비는 장비의 원망 어린 호소에 이렇게 대답했다.

"장비야, 잘 말하였다. 짐은 처음부터 관우의 원수를 갚고 싶었다. 신하들이 말리므로 바로 실행할 수 없었을 뿐이다. 경(장비)은 낭주의 군사를 이끌고 출전하라. 짐은 이미 오나라를 정벌하기로 결심했다. 군을 정비해 즉시 출전하겠다. 강주에서 만나자."

유비는 수많은 반대를 물리치고 승상 공명에게 후일을 부탁한 뒤 대군을 일으켜 오나라를 향해 진군했다. 촉나라 70만 대군이 뒤를 따랐다.

장비는 낭중에 돌아오자 서둘러 출전 준비에 착수했다. 우선 갑옷에 꽂는 작은 깃발과 갑옷, 투구 일체를 흰색으로 통일시키도록 명령했다. 흰색은 상중임을 나타내는 색이다. 장비에게는 단순한 전투가 아니라 의형인 관우의 원수를 갚는 전투였다.

장비는 두 명의 부대장에게 말했다.

"모든 준비를 3일 내로 끝마쳐라."

"3일 안에는 불가능합니다."

장비는 대노했다. 부대장 두 사람을 나무에 매달고 각각 50대씩 때린 후, 다음 날까지 준비를 마치지 못하면 이승을 하직할 줄 알라며 으름장을 놓았다.

그날 밤, 장비가 잠든 침소로 두 명의 부대장이 침입했다. 두 사람은 몰래 품에 지니고 있던 단검을 꺼내 장비의 배를 푹 찌른 후 오나라로 도주했다. 장비가 죽었다는 소식은 곧 유비에게 전달되었다. 관우에 이어 장비마저 잃고 나자 유비는 더더욱 오나라를 원망하게 되었다.

유비의 대군은 오나라로 진군했다. 촉의 군대는 거센 기세로 진격하여 이릉에 이르렀다. 그러나 촉의 공격은 거기까지였다. 오나라 장군 육손이 등장하자마자 화공(火攻)이 쏟아졌고, 파죽지세를 달리던 촉나라 진열은 순식간에 무너졌다. 병사들은 불바다 속에서 허우적거리며 전열을 이탈했고 유비 역시 백제성으로 도망쳤다. 그 후, 일 년이 지나지 않아 유비는 병을 얻어 백제성에서 삶을 마감한다.

출사표

유비가 죽자 아들 유선이 촉나라 황제 자리에 올랐다. 사마의는 이 틈을 타서 촉을 공격해야 한다고 위나라 조비에게 간언했고 곧 다섯 곳으로부터 촉나라를 공격하기에 이르렀다. 그러나 아직 공명이 건재했다. 공명은 적을 회유하는 동시에 공격하는 전법으로 맞섰으며 또한 오나라 손권과 동맹을 맺어 사마의의 전략을 무력화시켰다.

다시 삼국의 군사력이 팽팽히 맞서는 가운데 공명은 유비의 유언을 떠올렸다. 우선 후환을 없애기 위해 직접 군사를 이끌고 남만을 평정한 뒤 정세를 엿보았다. 그러다 위나라 공격을 결심하게 된다. 대국인 위나라의 국토는 촉나라의 3배이며 인구는 5배에 이른다. 공명이 서둘러 위나라를 공격하려고 한 이유는 무엇이었을까. 마침 위나라 황제인 조비가 숨지고 어린 황제가 즉위했었다. 또한 공명은 경계 대상이었던 사마의가 위나라의 요직에서 멀어지도록 이간책을 썼으며 이로 인해 사마의는 파면되어 고향으로 쫓겨났다. 공명으로서는 위나라를 공격할 절호의 기회였다.

공명은 황제인 유선에게 출사표를 올렸다.

"신 제갈량이 말씀 올립니다. 선황께서는 대업을 모두 이루지 못하고 돌아가셨습니다."

이처럼 시작하는 출사표는 위나라를 쳐서 천하의 대의를 바로잡고 선황인 유비의 은혜에 보답하겠다는 공명의 충절이 드러난 명문장이다.

유비는 뜻을 이루지 못한 채 세상을 등지면서 공명에게 후일을 부탁했다. 그러나 아직 공명은 천하통일의 대업을 이루어지 못했으며 헌제를 폐하고 한 왕조를 멸망시킨 위나라의 불의를 바로잡지 못했다. 촉나라는 한때 쇠퇴했지만 문무에 뛰어난 인재가 넘쳤다. 이대로만 가면 촉나라의 발전은 세월이 흐르는 것과 마찬가지로 당연한 일이 될 것이었다. 남방을 평정하고 군비까지 정비되어 있는 지금이야말로 한 왕조를 부흥시킬 수 있는 절호의 기회였다.

출사표에는 무엇보다 선황의 유지를 받들어 대의를 이루고자 하는 공명의 뜻이 잘 담겨 있다. 이 출사표를 앞에 두니 눈물이 앞을 가려 드릴 말씀이 없다고 적은 다음 공명은 출사표를 단단히 묶었다. 출사표는 황제에게 바치는 글임과 동시에 병사들을 고무시키는 글이기도 했다.

총 병력 30만의 촉나라 군은 마음을 하나로 모으고 굳게 결속해 북벌에 나섰다.

: 대의야말로 경쟁력의 원천 :

이 장은 두 개의 내용으로 나뉜다. 하나는 관우의 원수를 갚겠다고 나선 유비와 장비의 감정적인 행동과 유비의 패배이다. 다른 하나는 유비에게 후일을 부탁받은 공명이 위나라 조비의 도전을 물리치고 남방을 평정한 후, 북벌에 나서기까지의 경위이다. 그때 공명의 결심을 담은 것이 그 유명한 출사표이다.

이 두 개의 이야기에는 '대의명분'의 유무가 가져오는 결과의 차이가 드러나 있다. 사사로운 감정이 개입된 결단은 종종 좋지 않은 결과를 가져온다. 유비는 '동생을 죽인 원수에 대한 증오심'이라는 개인적 감정에 집착했다. 유비는 사사로운 감정에 사로잡혀 주변의 반대를 무릅쓰고 복수전을 일으켰다. 그 결과, 오나라 군에 대패해 일부 영토와 많은 인재를 잃었고 국력의 저하를 초래했다. 그리고 자기 자신은 실의에 빠진 가운데 세상을 등지고 말았다.

한편 공명은 먼 미래를 내다보고 계획을 세웠다. 우선 외적의 침입을 예방하고 오나라와의 동맹관계를 회복시킨 후, 대적 위나라를 쳐서 천하에 대의를 밝히겠다고 결심했다. 그리고 촉나라의 민심을 하나로 모았다. 당시 위나라의 국력은 촉나라가 정면으로 도전하기에는 너무 컸다. 객관적인 수치로 보면 상대가 되지 않는 대국이었다. 그러나 작은 국력과 적은 병력이라는 제약을 극복하고 높은 목표(대의)를 이루려는 시도 자체는 결코 잘못이 아니다.

뜻을 높게 세우는 일은 오늘날에도 중요하다. '하버드 비즈니스 리뷰'에 실린 '전략적 의도'라는 제목의 논문에는 '조직의 뜻이야말로 경쟁력의 원천'이라는 부제가 붙어 있다. '조직의 뜻'이란 곧 궁정과 문무백관으로부터 동기를 불러일으킨 출사표의 대의에 다름 아니다.

이 논문의 저자는 C. K. 프라할라드와 게리 하멜로, 이들은 〈핵심역량 경영〉의 저자이기도 하다. '전략적 의도'는 '핵심역량 경영'보다 먼저 '하버드 비즈니스 리뷰'에 실린 것으로 핵심역량 경영이 의도하는 바를 정확히 이해하려면 '전략적 의도'를 이해해야 한다.

'의도(Intent)'는 '비전, 뜻' 등의 의미를 갖고 있다. 이렇게 되고 싶다는 목표 따위를 말한다. 프라할라드와 하멜은 전략을 짤 때 전략적 의도가 우선한다고 말한다.

예를 들어, 과거 혼다는 이륜차에서 사륜차인 자동차 시장으로 뛰어들기로 결심했다. 이것은 매우 도전적인 과제였다. 이륜차와 사륜차는 둘 다 탈 것이긴 하지만 구조와 기술 모두 전혀 다르다. 혼다사는 먼저 자동차 시장에 진입하겠다는 전략적 의도를 내세우는 데서 출발했다. 그 다음, 이를 위해 어떤 핵심역량이 필요한지, 무엇이 부족한지 파악해갔다. 바로 이것이 마이클 포터의 전략론과 프라할라드의 핵심역량 사이의 차이점이다.

포터의 전략론은 어느 의미에서 '결정론'이라고 할 수 있다. 처한 환경에 따라 전략을 세운다. 프라할라드나 포터 모두 시장에서 경쟁우위를 확보하고자 하는 점은 동일하다. 그러나 포터는 자사의 상황을 분석하고 이해하며, 시장을 분석해 경쟁우위를 찾아낸 곳에 가장 적합한 상품과 서비스를 공급해야 한다고 말한다. 반면 전략적 의도에 의한 사고방식은 '자사의 경영자원이 이것밖에 없기 때문에 목표달성은 불가능하다'고 말하지 않는다. 제일 먼저 목표를 내세우고 그에 따른 핵심역량을 구축해간다. 다시 말하면 핵심역량 경영의 전제가 전략적 의도이다.

Keyword

선의후리(先義後利)

싸움에는 대의명분이 필요하다. '선의후리'라는 말이 있다. 먼저 의를 행하면 이익은 자연히 따라온다는 의미이다. 일본 전역에 진출해 있는 대형 백화점인 다이마루는 기업이념으로 '선의후리'를 강조하고 있다. 다이마루뿐 아니라 화장실, 욕실 등에서 사용하는 수용성 제품 제조회사인 TOTO사 역시 마찬가지다. TOTO사의 초대사장인 오쿠라 가즈치카가 후임 사장에게 보낸 편지에 다음과 같은 글귀가 적혀 있다.

"좋은 상품을 공급하고 수요자의 만족을 이끌어내야 합니다. 이것이 가능해지면 이익과 경제적인 면에서 서광이 비칠 것입니다."

수요자의 만족, 다시 말하면 고객만족을 확보하는 것이 나중에 이익이 되어 돌아온다. TOTO사는 그렇게 믿고 실천하여 사업 실적을 향상시켰다.

반대로 사리사욕에 어두워 사사로운 감정에 따라 행동하거나, 개인적인 명예나 재력을 우선시한다면 오히려 승리나 명예, 재력이 모두 달아나게 된다. 많은 기업이 이구동성으로 선의후리를 내세우고 있는 것은 결코 우연이 아니다.

• Case 1 •

이나모리 가즈오 "나에게 사심은 없는가?"

전략적 의도를 내세우고 동시에 선의후리를 구현한 기업으로 교세라를 소개한다.

일본 전기통신사업 분야에 이제 막 자유화의 바람이 불고 있을 때였다. 1984년 교세라는 '다이니덴덴(第二電電)사'를 창업하고 전기통신사업에 뛰어들었다. 그때까지는 '덴덴공사(電電公社)'가 독점하던 시장이었다. 이듬해인 1985년 '덴덴공사'가 민영화 절차를 밟아 NTT로 거듭났다.

이 시기는 기업인으로서 평생 한 번 겪을까 말까 한 기회였다. 더구나 그 무렵, 일본의 장거리통신요금은 구미지역에 비해 너무 비싸다는 지적이 많았다. 장거리통신요금 인하에 대한 기대가 커지고 있었다.

그러나 아무리 하늘이 내린 기회라고 해도 거대기업인 NTT를 상대로 싸운다는 것은 쉬운 일이 아니었다. 도전자는 좀처럼 나오지 않았다. 아무도 대적하는 이가 없자 교세라 창업자인 이나모리 가즈오는 전기통신사업에 진출할 생각을 품게 된다.

당시 교세라는 전자부품, 파인세라믹 제품을 제조하는 그저 그런 기업에 지나지 않았다. 이나모리 가즈오는 통신요금을 저렴하게 만드는 것이 일본경제의 발전으로 이어진다고 확신하고 있었지만 한편 혼란스럽기도 했다.

"동기가 올바른가, 내 마음에 사심은 없는가."

약 반년 동안 이나모리 가즈오는 매일 밤 잠자리에 들기 전에 스스로에게 이렇게 물었다. 돈을 벌고 싶다거나 명예를 얻고 싶다는 사사로운 마음이 동기의 전부라면 사업이 순조롭게 진행될 리 없다. 제아무리 유비라도 대의명분 없이 복수심만으로는 승리할 수 없다는 것을 이나모리는 잘 알고 있었다.

그렇게 해서 교세라는 다이니덴덴사를 설립하게 되는데, 그들은 100년에 한 번 찾아올까 말까 한 기회인 통신사업의 자유화를 "사용자를 위한 사업이 되도록 일하자"는 대의를 갖고 임했다. 직원 모두에게도 이와 같은 경영방침이 전해졌다. 그리고 이나모리는 "직원 한 사람 한 사람의 단 한 번뿐인 인생을 소중한 것으로 만들도록 노력하자"고 말하며 직원들의 힘을 북돋았다. 이 두 가지 전략적 의도에 의해, 다이니덴덴사의 직원들은 장거리전화요금 인하추진사업이 자신들의 사명이라고 생각하고 힘을 쏟을 수 있었다.

다이니덴덴사는 경쟁사 가운데 최상의 조건을 지닌 기업은 아니었다. 그들의 뒤를 이어 국철(훗날의 JR)과 도요타 계열의 일본도로교통공단 2개사가 이 시장에 진입했다. 이 3개사 가운데 다이니덴덴사만 통신사업 경험이 없었다. 통신 인프라 및 통신기술의 축적 역시 전무했다. 그러나 다이니덴덴사의 직원들은 대의를 앞세운 바른 마음으로 앞으로 진군했다. 그들의 행보를 주시하고 있던 대리점 역시 이 흐름에 동참해 다이니덴덴사를 응원했고 결국 사업을 성공시킬 수 있었다. 창업한 지 20주년, 다이니덴덴사(현 KDDI)는 연결베이스로 매상이 3조 엔에 달하는 대형회사가 되었다.

출사표와 같이 지도자가 대의를 제시하는 것은 동기부여를 높이고 조직원들의 힘을 북돋는 큰 요소가 된다.

10장 기산공방과 공명의 공성의 계
상식의
룰을 깨다
심리전과 양동작전

기산공방과 공명의 공성(空城)의 계

성문을 활짝 열고 적군을 맞이하다

싸움에서 필요한 것은 강한 힘만은 아니다. 때로는 적을 속이는 영리함이 필요하다. 상대방의 의표를 찔러야 함은 물론이다. 공명은 거꾸로 상대의 허를 찌르는 데 성공했다. 초하룻날 밤, 기산에서는 무슨 일이 벌어졌는가.

기산공방

공명이 한중에서 국경을 침범해 진군하고 있음을 알게 되자 위나라 조정은 하후무에게 대군을 주어 이를 물리치도록 했다. 그러나 공명의 촉나라군은 이들을 한 번에 쓰러뜨리고 순식간에 남안, 천수, 안정의 3군을 공략해 하후무를 티베트 땅으로 내쫓아버렸다. 그리고 기산에 도착하자마자 전 병력을 위수(渭水) 서안으로 진군시켰다.

위나라는 백전노장의 대장 조진, 부대장 곽회, 책사 왕랑에게 20만 대군을 주고 위수 서안에서 촉나라군과 맞붙도록 했다. 전투가 시작되기도 전에 고령의 책사 왕랑은 공명과 설전을 벌이다 말문이 막히자 수치스러움과 분노로 말에서 떨어졌고 그날 밤 진영에서 죽었다.

공명은 진영으로 돌아오자 즉시 조자룡과 위연을 불러 그날 밤 기습할 것을 명령했다. 그러자 위연이 고개를 갸웃거리며 공명에게 반문했다.

"승상, 그것이 가능하겠습니까. 적장 조진은 노련한 장수입니다. 왕랑의 죽음을 틈 타 우리 군이 기습할 것을 미리 알고 대비하고 있을 게 틀림없습니다."

공명은 미소를 지으며 조용히 말했다.

"나도 잘 알고 있다. 조진은 우리가 기습할 것을 알아차리고 반드시 이에 대비할 것이다. 조진이 우리의 허를 찌르려고 한다면 거꾸로 상대의 허를 찌르는 것이 나의 작전이다. 두 사람은 기습을 가장해 수하의 군사를 이끌고 위나라군 진영으로 진군하기 바란다. 위나라군은 그 길목에 병사를 잠복시키고 그대들이 지나간 후, 허술해 보이는 우리 진영을 공격할 것이다."

공명은 조자룡과 위연에게 작전을 자세히 설명했다. 그리고 촉나라 진영을 위장시켜 개미새끼 한 마리 없는 것처럼 꾸미고 잡목과 풀을 수북이 쌓아놓았다. 촉나라군은 주둔지 주위를 에워싸듯 잠복하며 위나라군이 공격하기를 기다렸다. 그 다음 두 장수를 뽑아 기산의 주요 길목에 잠복시키고 공명은 여러 장수와 함께 진영의 후방으로 물러나 있었다.

예상대로 위나라군은 촉나라군과 마찬가지로 자기 진영을 위장하고 주위에 병사를 잠복시킨 후 조준과 주찬에게 선봉을 맡겨 촉나라 진영을 기습하도록 명령했다. 즉 기산의 뒤쪽으로 나가 기습하러 오는 촉나라군을 지나가도록 한 후, 촉나라 진영을 급습할 계획이었다.

저녁 무렵, 조준과 주찬은 은밀히 기산으로 향했다. 길 중간쯤 이르자 조준은 말을 멈추고 산간으로 이동하는 군사들을 주시했다. 촉나라군의 기습부대일 것이라고 생각했다. 조준은 군사를 숨기고 촉나라군이 멀리 사라질 때까지 기다렸다가 서둘러 촉나라 진영으로 향했다.

조자룡과 위연은 위나라군이 잠복해 있는 장소를 지난 뒤 적절한 시기를 노려 군사를 양쪽으로 나누었다. 조자룡은 온 길을 되돌아 조준과 주찬 군을 추격했으며 위연은 기산 입구를 차단하는 형태로 병사를 잠복시키고 대기했다.

한밤중, 촉나라 진영에 도착한 조준은 고함을 지르며 공격을 시작했다. 그런데 촉나라 진영에는 아무도 없었다.

"속았다."

조준이 후퇴 지시를 내리려고 할 때, 뒤따라오던 주찬 군이 도착했다. 어둠 속이라 아군과 적군을 구분하지 못하고 자기편끼리 싸우기 시작했다. 그때 신호의 불이 솟아올랐다. 마대, 장억, 왕평, 장익 등 여러 촉나라군 장수가 사방에서 위나라군을 향해 돌진했다. 무자비한 공격에 못 견딘 조준과 주찬이 끝내 도망쳤다. 말머리를 돌려 쫓아오던 조자룡이 그 앞을 막아섰다. 위나라군은 또 한 번 혼쭐이 났지만 간신히 위기를 벗어났다. 이번에는 위연 차례였다. 조준과 주찬 군은 젖 먹던 힘까지 짜내어 가까스로 적진을 탈출했다.

그 무렵, 위나라군 진영에서는 병사를 잠복시키고 촉나라군의 기습을 기다리고 있었다. 위나라 진영의 왼쪽에 조진, 반대편에는 곽회가 숨을 죽인 채 잠복해 있었다. 그때 발굽 소리가 울리고 고함소리가 가까워졌다.

"촉나라군이 공격해왔다."

설마 자기편인 조준과 주찬이라고는 꿈에도 생각지 못하고, 미리 정해둔 대로 신호의 불을 쏘아 올렸다. 자기편끼리 서로 싸우는 것을 알아차렸을 때는 이미 너무 늦어버렸다. 패군을 추격해 왔던 관흥, 장포, 그리고 위연 등의 촉나라군이 최후의 일격을 가했다. 허의 허를 찌르는 공명의 치밀한 작전에 휘말린 끝에 위나라군은 대패를 당하고 말았다.

공성(空城)의 계, 또 하나의 양동작전

공명이 위나라군 가운데 유일하게 경계했던 사람은 사마의 중달이었다. 그 지략을 높이 평가한 공명은 사마의가 실각할 때까지 북벌을 미루고 있을 정도였다. 그러나 거듭되는 패전으로 위기에 빠진 위나라 조정은 사마의를 복직시키고 평서도독으로 기용했다. 공명뿐 아니라 촉나라 입장에서는 매우 큰 위협이었다.

공명은 치밀한 작전을 세워 사마의에 맞섰다. 그러나 마속의 오판과 교만에 의해 가정전투에서 패한 탓에 전투의 주도권을 쥘 기회를 놓치고 말았다. 결국 한중으로 철수할 수밖에 없었다.

전장에서 벗어나려면 위험이 따른다. 더구나 사마의를 상대로 한 후퇴였다. 공명은 신속히 전 병력의 후퇴계획을 세우고, 약간의 군사만을 데리고 서성으로 물러났다.

공명이 서성의 군량 수송을 지휘하는 동안 급사가 수차례 도착해 위급상황을 알렸다. 사마의가 15만의 대군을 이끌고 서성으로 몰려오고 있다고 했다. 위기에 처한 공명은 어떻게 이 상황에서 벗어났을까.

사마의가 서성에 도착해서 보니 성내의 모습이 이상했다. 사방의 문은 활짝 열려 있고 병사라고는 코빼기도 보이지 않았다. 다만 백성 몇몇이 평화롭게 성문 안팎을 청소하고 있었다. 그리고 공명은 망루에 앉아 두 명의 동자를 거느린 채 향을 피우고 미소를 지으며 거문고를 타고 있었다. 사마의는 흠칫 놀랐다. 그리고 공포감을 느꼈다. "공명의 함정이다." 짧은 순간 판단을 내린 사마의는 군을 후퇴시켰다.

사마의 역시 공명의 주도면밀한 작전이 무섭다는 사실을 잘 알고 있었다. 완전한 무방비 상태였던 공명이 사마의를 물리칠 수 있었던 것은 바로 이 때문이다. 공명은 15만 대군을 눈앞에 두고도 거문고를 유유히 탔고 더구나 성은 사방이 활짝 열려 있었다. 사마의는 복병을 의심했다. 그리고 그 끝을 알 수 없는 공명의 지략에 공포심을 느꼈다.

사마의가 대군을 철수시킨 북쪽 산길에서 장포와 관흥이 연거푸 나타나 두 번이나 길을 막자 사마의는 뒤도 돌아보지 않고 도망쳤다. 공명의 지시대로, 이 두 명의 장수가 더 이상 추격하지 않았음은 물론이다.

이로써 공명은 감쪽같이 궁지를 벗어날 수 있었다. 이때 공명의 수중에 있던 병사는 겨우 2,500명. 사마의의 공격을 받았다면 한 시도 버티기 힘든 병력이었다.

후지츠, 입찰 가격으로 허를 찌르다

'기산공방전'에서 공명은 적이 계책을 쓸 것을 예측하고 허울뿐인 기습을 계획했다. 그리고 적을 유인해 혼란에 빠뜨리고 자기편끼리 싸우도록 만들었다. '상대의 작전'을 예측하고 그 허를 찌르는 공명만의 치밀한 작전의 승리라고 할 수 있다.

한편 '공성의 계'에서 공명은 거문고를 타며 무방비한 모습을 드러내 사마의를 심리전으로 끌어들였다. 적군 앞에서 거문고를 타고 있을 사람은 아무도 없다. 사마의는 공명이 유유히 현을 타는 모습을 보고 너무 깊이 생각했다. 병사 수에서 극도로 불리한 입장이었던 공명은 복병이 존재하는 것처럼 행동했으며 이에 속은 사마의가 쉽사리 계책을 알아차리지 못하도록 장포와 관흥의 수하군사들을 잠복시키는 등 치밀한 전략을 구사했다.

알고 있는 바와 같이 비즈니스 상에서도 심리전, 양동작전(실제 전투는 하지 않지만 병력이나 장비를 기동함으로써 마치 공격할 것처럼 보여 적을 속이는 작전)이 이용되는 경우가 있다. 때로는 사람을 속이는 일이 필요할 때도 있다. 그러나 현대사회에서는 정당성을 벗어난 행위는 안 된다. 자사의 신용 저하로 이어지기 때문이다.

여기서 말하는 양동작전의 사례로 '1엔 입찰사건'을 들 수 있다. 1980년대 말, 후지츠는 히로시마시의 지방자치단체 컴퓨터 시스템 기본설계를 단돈 1엔에 입찰해, 경쟁사의 허를 찔렀다. 히로시마시의 견적에 따르면 예산가격은 1,100만 엔가량이었다.

1엔이라면 당연히 적자가 될 수밖에 없다. 그러나 결과적으로 후지츠는 이익을 거두었다. 컴퓨터 설계란 기본설계부터 소프트웨어 상세 설계, 프로그램 제조까지 몇 개의 공정으로 구분된다. 또한 소프트웨어 외에도 하드웨어가 시스템에 포함된다.

비록 1엔이라 하더라도 기본설계를 수주하면 하드웨어 본체를 포함한 시스템 전체를 후지츠가 수주하게 된다. 또한 시스템 구축을 수주하면 그에 딸린 관리업무까지 담당하게 되어 추가적인 수익도 올릴 수 있다. 1엔에 낙찰한 '기본설계'는 적자가 되어도 일단 거래가 성립되면 시간이 지남에 따라 이익을 얻을 수 있다. 바로 이것이 후지츠의 목적이었다.

그 이전인 1985년에도 후지츠는 치바현 리츠세이부 도서관의 컴퓨터 시스템 기본설계를 파격가인 10만 엔에 입찰한 적이 있다. 물론 그게 끝이 아니었다. 이어진 1987년에 체결된 하드웨어 본체 수시계약에서 후지쯔는 연간 임대료 2,500만 엔의 매출을 올렸다. 비록 첫 거래에서는 적자가 되어도 연이은 거래에서 수익을 거둘 수 있으면 자연스레 적자는 해소된다.

후지츠의 상식을 벗어난 입찰금액이 알려지자 후지츠를 비판하는 목소리가 높아졌다. 법적으로는 아무런 하자가 없었다. 그러나 건전한 기업경쟁 질서를 손상시키고 나아가 국제사회의 신용을 잃을 수 있다는 우려의 시선이 많았다. 당시 통상산업성은 이 문제를 간과하지 않고, 각 컴퓨터 제조회사에 같은 일이 되풀이되지 않도록 철저한 주의를 당부했다.

후지츠의 사례를 소개한 이유는 '손해를 입고 이익을 얻는다.'는 의미가 담겨 있기 때문이다. 1엔이라는 가격을 생각하면 큰 손해이다. 그러나 전체를 보고 멀리 생각하면 반드시 손해만은 아니다. 오히려 큰 이익으로 이어지는 경우도 있다. 일반적으로 판매사, 컴퓨터 제조회사 등은 원가에 이익을 더해 가격을 설정하지만 후지츠는 긴 기간에 걸쳐 이익이 발생되도록 가격을 설정했다. 타사와는 다른 시각으로 사업을 바라봄으로써 수주량을 늘릴 수 있었다. 이런 발상이 비즈니스에서는 매우 중요하다. 또한 바라보는 시점을 길고 넓게 유지해 경쟁사의 허를 찌르는 작전을 세울 수 있다. 후지츠의 사례는 바로 이것을 말해준다.

그러나 규정상 문제가 되는 행위나 상식을 벗어난 행동은 회사의 신용도를 하락시킨다는 점을 잊지 말자.

: 저가 전략, 어떻게 펼쳐야 할까 :

가격설정 경쟁상황에서는 심리전 및 양동작전이 종종 등장한다. 타사 제품의 가격은 자사 제품의 가격을 매길 때 고려해야 할 매우 중요한 요소가 된다. 얼마로 설정해야 할까. 싸게 팔아야 할까. 높여도 될까. 가격설정을 두고 고민하는 일은 흔하다.

어느 음식점이 저가의 메뉴를 선보여 주변 가게에 타격을 입혔다. 이에 대처하기 위해 주변 가게 역시 가격을 내렸다. 가격인하 경쟁의 결과, 출혈이 지나쳐 문을 닫는 가게가 속출한다. 이와 같은 경우, 비록 다른 가게를 무너뜨리는 데 성공해도 저가격으로 인한 자사의 피해 역시 크다고 할 수 있다.

영업상황에서 가격인하는 흔히 있는 일이다. 그러나 몇몇 학자들은 가격인하란 '마약'과 같아서 절대 피해야 할 일이라고 주장한다. 가격인하가 경쟁이 붙으면 계속해서 가격인하를 불러일으킨다. 매상은 확보할 수 있지만 이익이 줄어든다. 경제학자 사이토 겐이치는 다음과 같이 주장한다.

"고객들은 가격이 인하된 제품을 구입하면 경제적으로 이익이라고 여긴다. 즉 싼 제품을 원하는 것이 아니라 할인된 가격만큼의 경제적 이득을 얻길 원한다. 그러므로 가격인하 대신 가격인하와 동등한 또는 그 이상의 가치를 지니는 서비스를 제공하면 된다."

경쟁으로 가격이 인하될 때 자사 역시 저가격으로 대처해야 할까. 그렇지 않으면 가격을 그대로 유지해야 할까. '하버드 비즈니스 리뷰'에 '저가격 전략에 어떻게 대처해야 할까'라는 논문이 게재된 적이 있다. 저자는 런던 비즈니스 스쿨의 니르말야 쿠마르(Nirmalya Kumar) 교수이다. 쿠마르 교수는 과거 5년간의 조사결과를 이 논문에 집대성했다. 대상 기업은 약 50개사에 이르는 업계선두 기업과 25개사의 저가격 기업이었다. 이들 기업을 연구해 저가격을 유지하기 위한 저가격 체질이란 무엇인지 소개하는 논문이다. 그 밖에 시장의 최강자 및 기존기업은 어떻게 대항해야 하는지에 대해서도 설명하고 있다.

쿠마르 교수에 따르면 저가격 기업은 고객을 1~2개로 구분하고 기본적인 제품보다 품질이 우수한 제품을 공급한다고 한다. 또는 대기업보다 우수한 부분을 하나만 선보인다고 한다. 많이 선보일 필요는 없다. 지나치지 않는 효율적인 작전으로 저가격을 유지하는 것이다.

독일의 디스카운트 스토어인 아루디의 사례가 이 논문에서 소개되고 있다. 아루디는 가게 규모가 타사에 비해 작고 취급상품의 수량 역시 타 슈퍼마켓과 비교해 적었다. 더구나 땅값이 싼 변화가 뒷골목에 입주해 있었다. 이와 같은 방침 덕에 지점을 싸게 매입할 수 있었다. 그 밖에 상품박스 진열이나 유료 비닐봉투 등으로 가격을 낮추는 등 여러 가지 전략을 취했다.

또한 저가격 정책은 물론, 고객의 계산대 대기 시간을 줄이기 위한 방법을 연구하는 등 고객의 입장에서 매력적인 서비스를 실시하고 있다. 최강자에 비교하면 총수익은 보잘것없지만 가격인하를 통해 높은 영업수익을 달성한다.

쿠마르 교수는 아루디와 같은 저가격 체질의 기업을 우습게보지 말 것을 경고했다. 그렇다면 적절한 저가격 전략이란 구체적으로 어떤 모습이어야 할까?

이토요카도(현 세븐&아이홀딩스)의 사례에서 해답을 찾아보자. 버블경제 붕괴 후, 다이에, 세이유, 마이카루 등의 대형 슈퍼는 모두 영업 악화로 침체상태에 빠졌다. 이토요카도 역시 1993년 2월에 최고수익을 달성한 후 실적이 조금씩 하향곡선을 그리고 있었다. 2001년 이토요카도는 단순히 저렴한 상품을 공급해서는 안 된다고 판단하고 만족도 높은 상품을 제공하기 위한 개혁에 돌입했다.

그 당시의 종합슈퍼는 저렴한 제품을 많이 보유하고 있었지만 고객이 원하는 것이 없는 경우가 많았다.

이토요카도는 이를 두 가지 문제로 분리해서 대책을 강구했다. 품절이 발생해서는 안 된다는 것과, 고객은 단지 싸다고 덥석 상품을 구매하지 않는다는 사실이었다. 그래서 고객이 요구하는 인기 상품을 선정하고 상품이 품절되는 일 없이 항상 비치될 수 있도록 했다. 예컨대 불황이었던 2001년, 코트 하나를 사는데 5,000엔밖에 내지 못하는 고객도 많았지만 반면 10,000엔까지 지불할 수 있는 고객도 있었다. 크게 비싸지는 않지만 양질의 소재로 만든 보온성 좋은 제품을 선호하는 고객이 반드시 있다는 말이다. 고객들은 무작정 싸다고 구매하는 것이 아니라 자신의 선호도에 따라 제품을 구입한다. 이것이 이토요카도의 판단이었다.

가격경쟁은 소모전을 부를 뿐이다. 가격인하를 단행할 때는 가격과는 별개의 가치를 제공해 고객만족을 높여야 한다. 가격인하는 일종의 미끼일 뿐이다. 좋은 상품을 제공하여 고객의 충성도를 높이는 것이 오늘날 기업에 필요한 바람직한 양동작전이다.

가격인하는 대체로 바람직하지 못하다. 물론 예외는 있다. 고객이 봤을 때 가격이 지나치게 높은 시장에서는 가격인하로 인한 '불이익이 최소한에 그치는 경우'도 있기 때문이다. 예를 들어 IBM의 거스너는 취임 당시 자사제품의 가격이 너무 높다고 생각했고 따라서 과감히 가격인하를 단행했다. 그것이 주원인은 아니지만 IBM의 실적은 그 후 오름세로 바뀌었다.

적정가격으로 돌아가자는 의미에서의 가격인하는 잘못된 것이 아니다. 단 시장 독점을 목적으로 한 가격인하 경쟁은 옳다고 볼 수 없다. 서로의 수익률을 떨어뜨리고 소모전으로 끝나기 십상이기 때문이다.

코카콜라, 가격인상으로 매출을 올리다 ———

가격을 인상시키면 고객은 멀어지게 될까. 반드시 그런 것만은 아니다. 오히려 가격인상을 통해 경쟁사를 쫓아낸 특별한 경우도 있다.

지금으로부터 30년 전의 일이다. 당시도 마찬가지로 청량음료수 점유율은 코카콜라 그룹이 1위를 굳건히 지키고 있었다. 전국적으로 무인 영업점인 자동판매기가 설치되어 있었는데 당시는 한 대의 자동판매기 속에 여러 회사의 상품을 같이 판매하는 경우도 있었다.

가격은 모두 100엔이었다. 그러던 어느 날 코카콜라는 10엔을 인상해 110엔의 가격을 설정했다. 이에 따라 자동판매기는 모두 110엔이 아니면 상품을 살 수 없도록 바뀌었다. 지금이라면 한 대의 자동판매기에 복수의 가격을 설정하는 일이 가능하다. 그러나 그때는 불가능했다.

결국 가격인상을 하지 않고 100엔으로 설정했던 타사는 코카콜라 자동판매기에서 더 이상 판매할 수 없게 되었다. 코카콜라 자동판매기는 10엔을 인상한 코카콜라 제품으로만 채워졌다.

상대의 허를 찌르는 전략적 발상을 할 때는 당연시 했던 상
식들을 버려야 한다. 코카콜라가 자동판매기 경쟁에서 승리
한 이유도 일반적인 경쟁 원칙에 구애받지 않았기 때문에 가
능했다.

11장 소호구의 기습

최강자
VS
도전자

모방 전략과 블루오션 전략

소호구의 기습

최강자에게는 최강자에 어울리는 전략이 있다. 삼국시대의 위나라는 촉나라, 오나라와 비교해 월등한 국력을 자랑하는 최강자였다. 때를 기다렸다가 5번째 북벌에 도전한 공명은 동맹국인 오나라에 사자를 보내 참전을 요청했고, 그 해 황제의 자리에 오른 손권의 동의를 얻었다. 공명이 한중에서 위나라 국토를 공격한 지 1개월 후, 오나라 손권은 위나라에 과감히 전쟁을 선포했다. 앞뒤로 적의 공격을 받게 된 최강자 위나라는 어떤 전투를 펼쳤을까.

오나라 손권이 세 방향에서 군을 이끌고 위나라로 진격해갔다. 위나라 황제 조예는 공명과 대치중인 사마의에게 빗장을 걸어 닫고 절대로 공격을 시작하면 안 된다고 명령을 내렸다. 사마의가 수비를 철저히 하면 제아무리 난다 긴다 하는 공명이라도 쉽게 성문을 무너뜨릴 수 없다고 판단했다. 전선은 답보상태가 될 것이며 그 사이 오나라 군을 무너뜨릴 생각이었다. 오나라 군의 공격 장소인 강하에 유소를, 양양에 전예를 각각 병사를 딸려 파견했다. 동시에 조예는 직접 장군 만총과 함께 대군을 이끌고 밤낮으로 진군하여 합비로 달려갔다.

한 부대를 이끈 만총은 주력부대보다 앞장서 소호구에 도착했다. 소호는 거대한 담수호였다. 동쪽 연안을 바라보자 엄청난 수의 오나라 군선과 보급선이 정박해 있었다. 배 위에는 갑옷에 깃발을 꽂은 병사들이 즐비했다. 오나라 상위장수 제갈근이 이끄는 선박이었다. 제갈근은 공명의 친형이자 손권 손윗누이의 사위로 오나라 주요정무에 참여하며 손권에게 오랫동안 총애를 받은 인물이었다. 오나라의 대도독 육손과 함께 양양 공격에 나선 참이었다. 만총이 보기에 제갈근은 아직 위나라군의 도착을 모르고 있는 듯했다. 그만큼 경계 태세가 느슨했다. 만총은 진영으로 돌아가 조예에게 보고했다.

"소호의 동쪽 연안에 오나라의 대선박이 정박하고 있습니다. 그러나 아직 우리 군의 도착을 알아차리지 못한 모양입니다. 오랜 강

행군으로 오나라 병사들이 지친 듯 보이니 오늘 밤을 기해 기습을
감행하면 승리를 거둘 것으로 확신합니다."

조예는 만총의 작전이 훌륭하다고 생각하고 즉시 결단을 내렸다.
부대장 장구에게 화공 준비를 마친 군사 5천 명을 주어 호수 입구
에서 기습하도록 하고, 마찬가지로 만총에게는 동쪽 연안으로 돌
아가 공격하라고 명령했다.

깊은 밤 주위는 쥐죽은 듯 고요했다. 이따금 바람에 배가 흔들리
며 잔물결이 일었다. 돌연, 함성이 터졌다. 예기치 못한 기습에 오
나라군의 병사는 대혼란에 빠졌다. 허둥지둥 도망치는 병사가 속
출했다.

"불을 질러라."

곳곳에서 호령이 들렸다. 엄청난 불화살이 군선에 꽂히고 횃불이
날아들었다. 사방에서 불이 타오르고 강렬해진 불기운이 잇달아
선박에서 선박으로 옮겨 붙었다.

이 기습으로 오나라군은 군선과 무기, 군량과 사료를 잃었다. 제
갈근은 손 한 번 쓰지 못하고 육손의 주둔지로 도망쳤다.

이 기습의 성공으로 전쟁 판국은 크게 변했다. 또한 육손이 만회
작전을 적어 손권 앞으로 보낸 편지가 위나라군의 손에 넘어가고
이를 조예가 알게 되면서, 협공작전 역시 불가능하게 됐다. 기회를
잃은 오나라군은 위나라군을 공격하는 듯 가장하며 전 병력을 철
수시킬 수밖에 없었다.

: 차별화에 나서는 도전자, 도전자를 모방하는 최강자 :

오나라군의 철수 소식을 들은 공명은 탄식하며 몸져누웠다. 이릉 전투에서 유비가 오나라에 패한 뒤, 형주에서 위나라를 공격한다는 계획상으로는 참 쉬운 전술이 공명에게는 허용되지 않았다. 그러나 공명은 손권에게 참전을 요구해 처음으로 두 방향에서 위나라를 공격할 태세를 갖추었다. 그런데 이번 오나라군의 패전으로 모든 계획이 수포로 돌아갔다. 험준한 산길을 통해 수차례 북벌을 시도했던 공명은 결국 뜻을 이루지 못한 채 생을 마감하게 된다.

'삼국지연의'에서 이 전투 대목은 위촉오 각국의 입장에서 간단히 그려져 있지만 그 결과를 보면 전쟁 판국에 중요한 전기를 가져온 전투라고 할 수 있다. 또한 이 전투를 통해 최강자와 도전자 각각의 전형적인 전술을 엿볼 수 있다.

오나라의 주요 전술은 수군에 의한 전투이다. 또한 바람을 이용해 불을 지르는 화공 작전이 특기였다. 적벽대전에서는 오나라군의 화공 작전이 조조의 대선박을 무너뜨렸다. 그러나 이번에는 자신들의 특기가 역이용당한 끝에 결국 패배하고 말았다.

도전자는 차별화된 상품과 서비스를 제공해 매출을 늘린다. 이 전략은 최강자의 간담을 서늘케 만든다. 이 경우, 최강자의 전략 가운데 가장 효율적인 방법은 무엇일까. 기본적인 전술은 도전자를 모방하는 것이다. 최강자가 도전자의 제품이나 기능, 서비스를 모방해 신상품을 시장에 투입한다. 그러면 도전자가 시장에 내놓은 차별화된 상품이 그 가치를 잃는다.

아울러 위나라군이 만총과 장구의 부대를 합해 총 1만 명의 화공부대를 투입했다는 점에 주목해야 한다. 엄청난 수의 불화살을 집중 투입하면 그만큼 효과도 극대화된다. 최강자는 전체 병력에서 도전자보다 우세하다. 전력을 한 번에 투입할 수만 있다면 최강자로서는 두려울 것이 없다. 또한 전투가 장기화될수록 최강자는 더더욱 유리한 고지를 점하게 된다.

광고나 선전을 생각하면 이해가 빠르다. 전면대결 상황에서 최강자는 막대한 자금력을 기반으로 대규모 프로모션을 전개한다. 소비자들은 TV나 신문, 잡지를 접하며 최강자의 상품에 주목하게 된다. 도전자가 맞불 작전으로 광고에 나서지만 시간이 흐르면서 체력싸움에 밀린다. 결국 자금력이 열악한 도전자는 대패한다.

펩시의 선공, 코카콜라의 역공

숙명의 라이벌로 불리는 기업이 있다. 어느 상황에서는 한쪽이 이기고, 또 다른 상황에서는 반대편이 이긴다. 일본 내에서는 카메라 분야의 니콘과 캐논이 있으며 전 세계로 눈을 돌리면 유통업의 월마트와 까르푸, 그리고 청량음료의 코카콜라와 펩시가 있다.

세계 도처에서 라이벌 간의 싸움이 발생해 서로 승패를 반복한다. 2007년 여름, 일본에서도 '제로전쟁'으로 불리는 탄산음료를 둘러싼 싸움이 일어났다. 펩시 제품을 취급하는 회사는 일본 산토리사로, 1998년 미 펩시코사와 제휴했다.

세계적으로 펩시는 코카콜라와 막상막하의 승부를 겨루고 있는 브랜드이다. 그러나 일본 내에서는 코카콜라가 압도적인 우위였다. 산토리사는 일본 내 펩시 제품의 판매량을 늘리기 위해 펩시코사와 협력해 일본 오리지널 상품개발을 시작했다. 그때까지 전 세계에 판매하는 펩시코사의 상품은 모두 펩시코사가 직접 개발한 제품이었다. 펩시코사가 타 청량음료회사와 협력해 오리지널 상품을 판매하는 것은 일본이 첫 시도였다.

2006년 3월, 산토리사는 '펩시넥스'를 판매하기 시작했다. 펩시넥스는 칼로리 제로이면서도 맛이 좋았다. 풍미가 있었고 톡 쏘는 감칠맛도 있었다. 펩시넥스는 2007년 여름에 히트해 사상 최고의 판매량을 기록했다. 펩시넥스가 판매되기 전까지 일본의 청량음료 시장에는 코카콜라사의 다이어트콜라가 판매되고 있었다. 그러나 다이어트콜라는 맛이 싱거웠다.

'맛있는 제로칼로리 콜라를 만들면 어떨까.'

산토리사는 그렇게 생각했다. 펩시넥스가 개발되기 수년 전부터 일본에서는 대사증후군(metabolic syndrome, 만성적인 대사 장애로 당뇨, 고혈압, 고지혈, 비만 등 여러 질환이 동시에 나타나는 것을 말한다.)이 사회적 관심을 끌면서 건강분야 시장의 성장이 기대를 모으고 있었다. 이를 증명하듯, 산토리사는 특정보건용 식품(도쿠호)으로 음식의 지방흡수와 식후의 중성지방 상승을 억제하는 '흑우롱차' 등을 히트시킨 바 있다.

'대사증후군 대책', '다이어트'에 대한 수요가 높아지고 저칼로리의 콜라를 요구하는 수요층도 존재했다. 산토리사는 이런 소비자들의 요구를 의식하고 있었다. 마침 코카콜라의 다이어트콜라는 너무 맛이 없었다. 펩시가 개발한 펩시넥스의 광고 포인트는 '맛이 좋다'였다.

계획은 적중했다. 펩시넥스는 다이어트콜라의 맛에 부족함을 느끼고 있던 고객을 끌어들였다. 2007년 펩시넥스는 1,380만 개의 판매를 기록해 전년대비 판매율을 대폭 끌어올렸다. 음료시장 전체 1위는 여전히 코카콜라였지만 제로칼로리 탄산음료시장에서는 펩시가 1위를 차지했다. 2007년 청량음료시장에서는 1위인 코카콜라사와 2위인 산토리사의 점유율이 근소한 차이로 좁혀졌다.

　그런데 코카콜라사는 펩시의 추격을 두 눈 뜨고 보고만 있을 정도로 만만한 회사는 아니었다. 2007년 6월 제로칼로리 콜라인 '코카콜라 제로'를 투입해 제왕의 기본인 '모방' 작전으로 펩시의 차별화 전략을 무너뜨리려고 했다. 이후 두 회사는 치열한 싸움을 벌였다. 역시 라이벌답게 승부가 쉽사리 갈리지 않았다. 펩시가 먼저 시작한 모방 전략에 또 다시 코카콜라가 모방하는 형태로 팽팽히 맞서는 형국이었다.

• Case 2 •

파나소닉이 제시하는 제왕의 전략

파나소닉(구 마츠시타전기산업)은 가전제품 제조회사의 최강자이다. 지금은 R&D에도 힘을 기울여 신제품을 생산하고 있지만 옛날 마츠시타전기는 '마네(모방의 뜻)시타'라는 야유를 받기도 했다. 타사제품을 많이 모방했던 까닭이다. 남을 모방하는 것이 옳다고 할 수 없지만 전략적 관점에서 보면 효과적이었다.

도전자가 차별화를 꾀해 신상품을 투입했다고 치자. 다행히 고객의 반응도 좋다. 도전자 기업은 매출을 늘리고 최강자의 점유율을 잠식한다. 그런데 최강자인 마츠시타전기의 대응책은 모방이었다. 곧 도전자가 주력했던 차별화 전략이 그 의미를 잃게 된다.

원래 마츠시타전기의 장점은 판매 경로에도 있었다. 파나소닉은 '마을의 전기상'으로 불리는 '파나소닉 상점(구 내셔널 숍)'을 보유하고 있다. 파나소닉 상점은 전국적으로 16,000개 이상의 매장을 갖추고 있으며, 일본 최대의 지역전기상 네트워크를 자랑한다(2008년 9월 현재).

쇼와 시대, 가전제품 판매점은 아키하바라에 집중되어 있었으며 다른 지역에는 현재만큼 지점이 많지 않았다. 당시는 파나소닉 상점과 같이 지역에 밀착한 '전기상'이 그 지방에 뿌리를 내리고 있었으며 지역 전기상은 고객층을 충분히 확보하고 있었다. 쇼와 30년대(1955~64년)부터 각 전기 제조회사는 소매업의 계열화를 추진했는데 그 선봉에 섰던 것이 마츠시타전기였다.

'내셔널 숍'으로 불리는 특약점은 마츠시타 제품만 취급하는 '전기상'이었다. 마츠시타 제품의 취급수량에 따라 마츠시타 제품을 중심으로 취급하는 '내셔널 상점회'와 마츠시타 제품을 대량 취급하는 '내셔널 연맹점' 등의 상점이 있었다. 마츠시타전기는 마츠시타 제품을 많이 취급하는 상점을 아낌없이 지원했다. 마침내 계열 소매점망은 전국적으로 퍼져 5만 개에 이르렀다.

마츠시타전기가 도전자 기업을 모방하여 신상품을 개발하면 그 대부분의 제품이 내셔널 숍에 진열됐다. 계열 소매점의 매장 수가 가장 많은 곳이 마츠시타전기였다. 그 덕분에 많은 고객이 마츠시타 제품을 쉽게 만날 수 있었다. 그뿐이 아니다. 전국의 마츠시타 계열 상점에 신상품을 한 대씩 둔다면, 제조사 측은 첫 생산량을 최소한 5만 대 이상으로 예측할 수 있다.

따라서 안정된 생산계획이 세워져 부품의 대량 구입이 가능해지므로 가격을 낮출 수 있다. 또한 모방한 기업이, 신기술에 의해 차별화를 꾀한 기업보다 개발비용을 적게 들이기 때문에 가격이 저렴해진다. 고도성장기의 마츠시타전기는 가격적인 면에서도 우위를 차지해 최강자로서의 힘을 보다 강화시켰다.

: 최강자 기업이 빠지기 쉬운 전략의 사각지대 :

어느 날 정신을 차리고 보니 도전자에게 시장 점유율을 빼앗긴 최강자 기업도 많다. 전 세계 아이들에게 폭넓은 사랑을 받아 온 바비인형이 좋은 사례이다. '하버드 비즈니스 리뷰'에 게재된 '살아남는 기업은 주변시야가 넓다'는 제목의 논문에서는 최강자가 위기를 간과하지 않는 일이 매우 중요하다고 주장하고 있다. 이와 같은 위기상황을 포착하는 능력을 '주변시야'라고 하며, 이것은 조직적으로 갖출 필요가 있다. 바비인형의 점유율이 하락한 이유는 도대체 무엇이었을까.

전 세계적으로 바비인형의 점유율 하락은 2001년경 발생하기 시작했다. 중소 경쟁사인 MGA엔터테인먼트사 등이 화려한 모양의 인형을 판매하기 시작하면서 그때까지 바비인형을 갖고 놀던 소비자층을 공략했다. 그 결과 바비인형은 3~4년 만에 점유율이 20%나 하락했다.

바비인형의 제조·판매사인 마텔사는 최강자의 정석대로 도전자 기업의 상품을 모방해 신상품 투입을 시도했지만 때는 이미 늦었다.

바비인형의 점유율 하락은 마텔사가 변화를 포착하지 못하고 간과해버린 데에 큰 원인이 있다. 경쟁사인 MGA엔터테인먼트사는 13세 미만 소녀들의 조숙화가 빨리 이뤄지고 있다는 사실을 감지하고 있었다. 그 트렌드에 편승해 소녀들이 원하는 상품을 투입했기 때문에 시장 점유율을 증가시킬 수 있었다.

반면 마텔사는 40년간이나 마론인형의 여왕으로 군림했던 바비인형이 한순간 추락하리라고는 상상도 못했다. 전세가 불리해지자 부랴부랴 신상품을 투입했지만 대세를 바꿀 수는 없었다. 이와 같은 위협에는 대개 징조가 따르기 마련이다. 시야의 한 구석에서 희미하게 비쳐오는 작은 변화를 어떻게 포착하느냐에 따라 경쟁력은 달라진다. 그렇다면 구체적으로 어떻게 하면 이와 같은 징조를 포착할 수 있을까.

첫 번째는 자사의 '과거'를 밝혀내는 일이다. 예를 들어, 오랫동안 저가격 경쟁에 휘말리지 않을 것을 결심한 나머지, 저가격을 경쟁 무기로 삼은 경쟁사를 무시하는 체질을 갖게 됐다. 이와 같은 자사의 위험한 체질에 눈을 뜨고, 저가격 상품이 갖는 위협적인 성질에 대해 재고해야 한다. 그리고 저가격 상품의 위협을 파악하는 체질로 바꿔나간다.

두 번째는 타사 또는 다른 사람을 이용하는 것이다. 경쟁사 중에는 징조에 민감한 기업이 있다. 지금까지 변화를 신속히 감지하여 변화를 수용한 경쟁사는 어디인가. 그 회사를 항상 주시하고 변화가 나타났을 때 그 이유를 탐색한다. 그렇게 하면 놓쳐서는 안 될 시대의 조류를 포착할 수 있게 된다. 또한 조직 내에는 변화에 민감한 사람이 한 명쯤 존재하기 마련이다. 그 사람의 의견을 경청하면 변화를 탐지할 수 있을 것이다. 이상이 주변 시야가 넓은 기업의 특징이다.

인간은 선입견에 지배되기 쉽다. 트럼프카드 다발에 빨간 스페이드 카드를 섞어두어도 많은 사람이 하트라고 착각한다. 스페이드는 검은색, 하트는 빨간색이라는 믿음이 그런 착각을 만든다. 세상은 우리가 예상하지 못한 방향으로 변한다. 언제 어디서 변화가 시작될지 모르므로 늘 촉각을 곤두세우도록 하자.

때에 맞는 전략을 구사하라

전략을 구사할 때 간과하지 말아야 할 점은, 상대도 우리와 똑같이 전략을 찾기 위해 고심하고 있다는 사실이다. 그래서 모처럼 마련한 전략이 헛수고에 그치는 경우도 종종 벌어진다. 앞서 설명한 세그먼트 전략, 즉 최강자가 손을 대지 않은 새로운 시장을 찾아내려는 방법도 최강자가 모방 전략으로 맞서면 벽에 부딪치고 만다.

세그먼트 전략으로 새로운 시장을 개척한 뒤에는 곧 핵심역량을 찾아서 강화해야 한다. 그렇지 않으면 경쟁 우위를 지속적으로 유지하기 어렵다. 그런데 핵심역량을 찾기 힘들거나 한 걸음 앞선 획기적인 전략적 사고가 필요하다고 느낄 때 효과적인 것이 바로 블루오션 전략이다. 블루오션 전략은 최강자의 모방 전략을 사전에 막을 수 있는 가장 좋은 전략이기도 하다.

블루오션이란 아직 경쟁 상대가 없고 전투의 룰조차 없는 푸른 바다를 의미한다. 적이 없는 새로운 시장이라면 피를 흘리지 않고도 이익을 올릴 수 있다.

우리에게 기존 산업이란 뜨겁게 달아오른 레드오션, 즉 붉은 바다이다. 참여 기업이 증가하여 경쟁은 치열해진다. 레드오션은 붉은 피로 물든 격전지이다.

블루오션 전략을 주장한 사람은 프랑스 인시아드(INSEAD) 경영대학원의 김위찬 교수였다. 그의 저서 '블루오션 전략'은 전 세계 31개국에 번역, 출판되었다. 일본 내에서 블루오션 전략에 정통한 사람으로는 2007년 8월호 '다이아몬드 하버드 비즈니스 리뷰'에 '블루오션 전략 방법론'을 게재한 아베 요시히코가 있다. 이 논문은 닌텐도의 Wii 등을 사례로 들면서 일본기업의 블루오션 전략에 대해 언급하고 있다.

블루오션 전략의 가장 큰 특징은 '새로운 수요의 창출'이다. 히트상품이 탄생하는 메커니즘은 어디에 있는 것인가.

'우연히 히트한 것에 불과하다.'

'아니다. 마케팅이 결정적인 역할을 했다.'

히트상품이 나올 때마다 사람들은 그 이유를 찾는다. 그러나 진짜 이유는 아무도 모르고 있었다. 김위찬 교수는 '히트상품이 탄생될 때 무언가 보편성이 높은 프레임워크가 있지 않을까'라는 가설을 세웠고 연구를 추진하는 도중 발견한 것이 바로 '블루오션 전략'이다.

닌텐도 위(Wii)는 기존의 게임 이용자는 물론 고령자까지 즐길 수 있는 게임기이다. 지금까지는 없었던 새로운 수요를 창출한 것이다. Wii의 인기는 전 세계로 확대됐다. Wii의 누계 판매대수는 약 4,500만 대(2009년 2월)를 기록했다.

Wii의 성공요인 가운데 하나는 화상 해상도 및 처리능력과 같은 부분적인 고기능성을 버리고 동시에 수준 높은 사양에 등을 돌렸다는 점이다. 이로 인해 아이들부터 고령자까지 즐길 수 있는 새로운 가치를 창출해냈다.

블루오션 전략을 통해 새로운 가치를 창출하기 위해서는 '네 가지 행동'으로 불리는 것을 실행해야 한다. 네 가지란 제품이 갖고 있는 요소 가운데 1) 제거해야 할 것, 2) 과감히 줄여야 할 것, 3) 대담히 늘려야 할 것, 4) 향후 덧붙여야 할 것을 말한다.

예를 들어 Wii에서 '과감히 줄여야 할 것'은 '보다 매끄럽고 선명하며 박진감 넘치는 영상, 콘텐츠의 복잡함, 게임 클리어의 어려움' 따위였다. '늘려야 할 것'은 '풍부한 소프트웨어', '향후 덧붙여야 할 것'은 '가족전원이 손쉽게, 몸을 움직이는 즐거움' 등이다.

블루오션 전략이란 '남이 하지 않는 것을 하는 것'이라고도 할 수 있다. 그러나 '푸른 바다'는 늘 꼭꼭 숨어 있다. 이를 찾기 위해서는 '고객이 아닌 사람들(비고객, noncustomer)'의 말에 철저히 귀를 기울일 필요가 있다. 블루오션 전략의 추진이란 현재의 연장선상에서 다른 곳으로 눈을 돌리는 것이기 때문에 지금까지 자사 상품에 익숙해 있던 사람들의 의견만으로는 바른 길을 찾을 수 없다. 이 분야에 전혀 관심 없는 사람의 이야기를 듣고 '비고객'으로부터 새로운 수요를 찾아낸다. 이것이 블루오션 전략의 큰 특징이다.

블루오션 전략을 이해하려면 란체스터나 포터의 전략 이론과 비교하는 것이 가장 좋다. 지금까지 란체스터나 포터의 전략 이론에서는 시장을 세분화하는 일이 중요했다. 그런데 시장을 쪼갤수록 시장의 크기는 작아진다. 이것이 이 이론들이 지닌 가장 큰 단점이다.

그렇다면 이 부족한 부분을 보완하려면 어떻게 하면 될까. 여기서 효과적인 것이 블루오션의 체계이다.

마이클 포터의 전략 이론에서는 차별화 전략과 우위전략(Cost Leadership)이 양립하지 않는다. 즉 우위전략은 가격을 낮추는 것이고, 차별화 전략은 가격을 높이는 것이다. 가격을 낮추는 것과 높이는 것은 동시에 할 수 없으므로 양립하지 않거나 아주 드물다.

블루오션 전략과 란체스터 전략의 가장 큰 차이점은 가격에 대한 사고방식이다. 블루오션 전략에서는 '저가화'와 '차별화'가 양립한다. 서커스 공연의 경우, 기존의 인기공연이었던 동물쇼를 없애 동물의 구입비용이나 사료값 등을 줄이는 한편 이야기나 예술성을 가미한 내용으로 쇼의 방향을 바꿀 수 있다.

한편 블루오션 전략은 핵심역량 이론과는 또 어떻게 다를까? 핵심역량 이론은 우수한 내부자원과 현재 갖고 있는 능력에 주목해 기존의 능력을 갈고 닦아 경쟁사를 이기려는 전략이다. 한편 블루오션 전략은 내부자원에 주목하기 이전에 먼저 블루오션을 찾는다.

'우리는 이와 같은 자원이 없으니까 포기하자.'

'해본 경험이 없으니까 위험성이 높다.'

이와 같은 생각은 블루오션 전략에서는 있을 수 없다. 왜냐하면 혁신이란 해본 적이 없는 일에 도전하는 것이기 때문이다.

삼국지가
경영전략에 답하다

초판 1쇄 발행 2011년 1월 14일
초판 3쇄 발행 2012년 8월 1일

지은이 에구치 요코, 요시다 카츠미
옮긴이 양영철
펴낸이 김재현
펴낸곳 (주)지식공간

출판등록 2009년 10월 14일 제300-2009-126호
주소 서울 마포구 합정동 373-4 성지빌딩 706호
전화 02-734-0981
팩스 0303-0955-0981
메일 editor@jsgonggan.co.kr
블로그 http://blog.naver.com/nagori2

편집 권병두
디자인 엔드디자인 02-338-3055

ISBN 978-89-963482-7-6 03320

이 도서의 국립중앙도서관 출판시도서목록(CIP)은 e-CIP 홈페이지(http://www.nl.go.kr/ecip)와
국가자료공동목록시스템(http://www.nl.go.kr/kolisnet)에서 이용하실 수 있습니다.
(CIP제어번호: CIP2011000025)

※ 잘못된 책은 구입하신 곳에서 바꾸어 드립니다.
※ 책값은 뒤표지에 있습니다.